eadache
tulipán
sauce
phabet
colour
train
oratorio
títere
desdentado
street
almólogo
doll
waterpolo
enhebrar
quebrantahuesos
pillow
luciérnaga
holgazán
ur
food
family
lazy
iguana
fugarse
zambullir
flexo
ñor
uznar
xilófono
ice-cream
encerad
toys
tale
velocípedo
quintet
kie-talkie
submarino
tomorrow
jirafa
giba
hervir
ange
iceberg
ki
ventilad
ñandú
chimpancé
endario
cerradura
yegu
xilófago
yesterday
fútbol
retrete
sky
year
igüeya
edredón
sábana
dátil
derramar
yunque
gritar
os
afónico
tambor
music
ear
zurcir
hamaca
balancear
insect
último
yoyó
marear
butterfly
fuente
zafir
blue
terminar
newspaper
ower
calculadora
salchich
horno
ranja
ripos

© SUSAETA EDICIONES, S.A.
Campezo, s/n - 28022 Madrid (España)
Teléfono 300 91 00 - Fax 300 91 10
Impreso en la UE

Diccionario Infantil en IMÁGENES
Español ~ Inglés

Ilustrado por Margarita Menéndez

susaeta

A a

abajo
down

Las gafas están **abajo**.
The glasses are **down**.

abanico
fan

El elefante no necesita el **abanico**.
The elephant does not need the **fan**.

abecedario
alphabet

Laura aprende el **abecedario**.
Laura learns the **alphabet**.

abeja
bee

Las **abejas** son peligrosas.
Bees are dangerous.

abierto, - a
open

La puerta está **abierta**.
The door is **open**.

abrazar
to hug

Se **abrazan** porque se quieren.
They **hug** because they love each other.

abrigo
coat

Este no es tu **abrigo**.
This is not your **coat**.

abril
April

En **abril** llueve un montón.
In **April** it rains a lot.

abrochar to button

Xavier **se abrocha** el abrigo.
Xavier **buttons** the coat.

abuelos grandparents

Estos son mis **abuelos**.
These are my **grandparents**.

6

aburrirse
to be bored

Este mono está **aburrido**.
This monkey is **bored**.

acariciar
to caress

Mamá me **acaricia**.
Mum **caresses** me.

acatarrarse, tener un resfriado
to have a cold

El león **tiene un resfriado**.
The lion **has a cold**.

aceite
oil

Echamos **aceite** en la ensalada.
We pour **oil** on the salad.

aceituna
olive

Me gustan las **aceitunas**.
I like **olives**.

acera
sidewalk

Ellos caminan por la **acera**.
They walk along the **sidewalk**.

ácido
acid

El limón sabe **ácido**.
The lemon tastes **acid**.

acordeón
accordion

Ese mendigo toca el **acordeón**.
That beggar plays the **accordion**.

acostarse, irse a la cama
to go to bed

Los niños **se acuestan** temprano.
Children **go to bed** early.

actor
actor

Mario quiere ser **actor**.
Mario wants to be an **actor**.

acuario
aquarium

Hay peces en el **acuario**.
There are fishes in the **aquarium**.

acusar
to accuse

Está muy feo **acusar**.
It is not nice to **accuse**.

adiós
goodbye

Cuando me marcho, digo **adiós**.
When I leave I say **goodbye**.

adulto, -a
adult

Los mayores son **adultos**.
Grown-up people are **adults**.

aeropuerto
airport

Hay aviones en el **aeropuerto**.
There are airplanes on the **airport**.

afeitarse
to shave

Papá **se afeita** todos los días.
Dad **shaves** every day.

afónico, -a
aphonic

Tengo un resfriado. Estoy **afónica**.
I have a cold. I am **aphonic**.

agarrar to catch

¡No **agarres** la capucha!
Do not **catch** the hood!

agitar to shake

Agita el jarabe antes de beberlo.
Shake the syrup before drinking it.

agua
water

El agua es necesaria.
Water is necessary.

agujero
hole

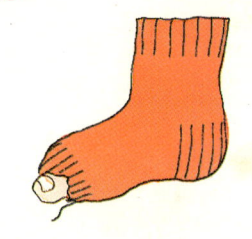

Tienes un **agujero** en el calcetín.
You have a **hole** in your sock.

ajedrez chess

David juega al **ajedrez**.
David plays **chess**.

albañil bricklayer

El **albañil** construye casas.
The **bricklayer** builds houses.

albaricoque apricot

¡Que dulces están los **albaricoques**!
How sweet are the **apricots**!

8

alfombra
carpet

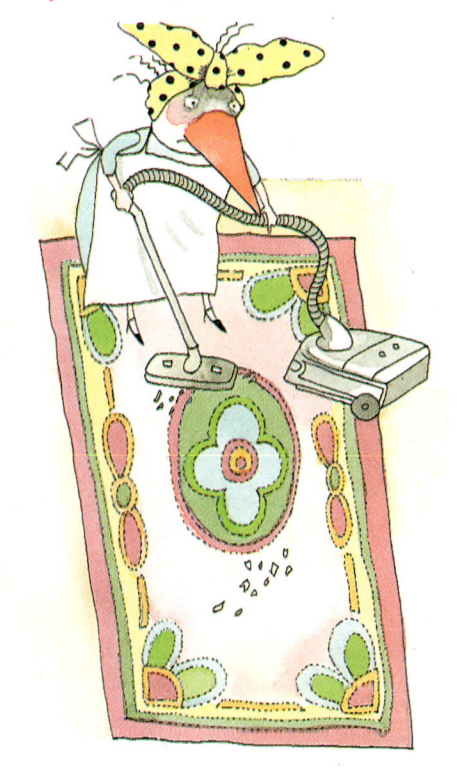

Esta **alfombra** está sucia.
This **carpet** is dirty.

algodón
cotton

Me limpio la herida con **algodón**.
I clean the wound with **cotton**.

alimento
food

pollo chicken
huevos avellanas
eggs hazelnuts
queso cheese
patatas potatoes
pan bread
leche milk
tarta cake
sal salt azúcar sugar
pescado fish
carne meat
mermelada jam
mantequilla
butter sopa soup

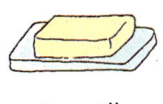

Comemos **alimentos** para crecer.
We eat **food** to grow up.

almohada
pillow

Siempre duermo con **almohada**.
I always sleep on my **pillow**.

alto, -a
tall

Daniel es **alto**.
Daniel is **tall**.

alubia
bean

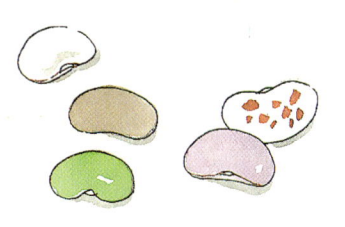

¡Las **alubias** son deliciosas!
Beans are delicious!

ambulancia
ambulance

Las **ambulancias** trasladan enfermos.
Ambulances carry ill people.

amigo, - a
friend

Me gusta tener **amigos**.
I like having friends.

andar
to walk

Andar es muy sano.
Walking is very healthy.

anillo
ring

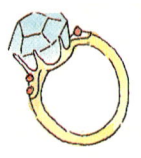

Este es mi **anillo**. ¿Te gusta?
This is my ring. Do you like it?

animal
animal

tortuga *turtle*
oso *bear*
elefante *elephant*
pez *fish*
ardilla *squirrel*
ratón *mouse*
león *lion*
perro *dog*
zorro *fox*
cerdo *pig*
gato *cat*
pollito *chick*
gallina *hen*
caballo *horse*
tigre *tiger*
oveja *sheep*
caracol *snail*
rana *frog*
búho *owl*
conejo *rabbit*
canguro *kangaroo*
jirafa *giraffe*
vaca *cow*
hipopótamo *hippopotamus*

¡Mira cuántos **animales**!
Look what a lot of animals!

año — year

Un **año** tiene 365 días.
A **year** has 365 days.

apagar — to put out

Los bomberos **apagan** el incendio.
Firemen **put out** the fire.

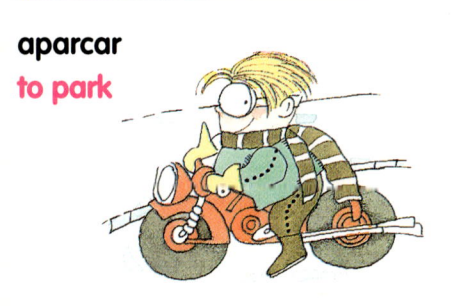

aparcar — to park

Xavier **aparca** su moto.
Xavier **parks** his motorbike.

aplaudir — to clap

Todos **aplaudieron** a Laura.
Everybody **clapped** Laura.

araña — spider

Me asustan las **arañas**.
I am afraid of **spiders**.

arañar — to scratch

Tu gato me **arañó**.
Your cat **scratched** me.

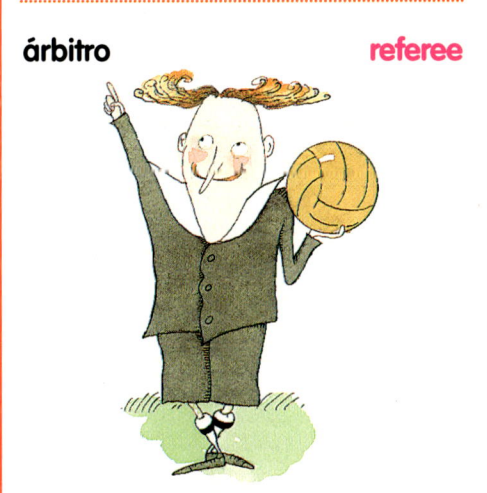

árbitro — referee

Él es un **árbitro** justo.
He is a fair **referee**.

árbol — tree

En el bosque hay muchos **árboles**.
There are many **trees** in the forest.

ardilla — squirrel

Las **ardillas** comen nueces.
Squirrels eat nuts.

arena — sand

El niño juega con la **arena**.
The boy plays with the **sand**.

armario — wardrobe

Guardo la ropa en el **armario**.
I keep my clothes in the **wardrobe**.

arrastrar — to drag

¡No **arrastres** la silla!
Do not **drag** the chair!

arruga
wrinkle

Los ancianos tienen **arrugas**.
*Old people have **wrinkles**.*

asa
handle

Este bolso tiene dos **asas**.
*This handbag has two **handles**.*

asalto
holdup

¡Esto es un **asalto**!
*This is a **holdup**!*

asomar
to lean out

¡No **asomes** la cabeza por la ventanilla!
*Do not **lean** your head **out** of the window!*

astronauta
astronaut

Este **astronauta** va a la luna.
*This **astronaut** goes to the moon.*

atar
to tie

¡**Átate** los cordones de los zapatos!
***Tie** your shoestrings!*

aterrizar
to land

Este avión está **aterrizando**.
*This plane is **landing**.*

autobús
bus

Me gusta viajar en **autobús**.
*I like traveling by **bus**.*

ayer
yesterday

Hoy es 24 de enero; **ayer** fue 23.
*Today is January 24th. **Yesterday** it was 23rd.*

azúcar
sugar

El **azúcar** endulza los alimentos.
***Sugar** sweetens food.*

azul
blue

El cielo es **azul**.
*The sky is **blue**.*

12

B b

be

babero
bib

El bebé lleva **babero**.
The baby wears a **bib**.

babi
overall

¡Cuelga el **babi**!
Hang the **overall**!

bacalao
cod

El **bacalao** se conserva en sal.
The **cod** is preserved in salt.

bailar — to dance

Me divierte **bailar**.
I enjoy **dancing**.

bailarín, - a — dancer

Quiero ser **bailarina** de ballet.
I want to be a ballet **dancer**.

bajar
to go down

¡**Baja**!
Go down!

balancear
to swing

La barca se **balancea**.
The boat **swings**.

balar — to bleat

Las ovejas **balan** así: ¡beeee!
Sheeps **bleat** this way: baaaa!

balcón — balcony

Me asomo al **balcón**.
I lean out of the **balcony**.

balda — shelf

Coloco mis muñecas en la **balda**.
I place my dolls on the **shelf**.

balón
ball

Juego con el **balón**.
I play with the **ball**.

ballena
whale

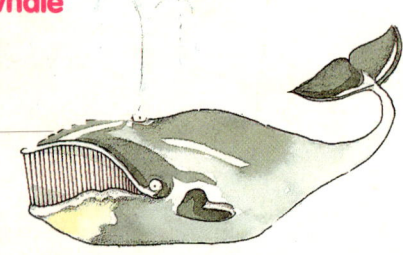

Las **ballenas** viven en el mar.
Whales live in the sea.

bambú bamboo

Los pandas comen brotes de **bambú**.
Pandas eat **bamboo** sprouts.

banco
bank

Guardo mi dinero en el **banco**.
I keep my money in the **bank**.

bandeja
tray

¡Coloca las cosas en la **bandeja**!
Set the things on the **tray**!

bandera
flag

Izo la **bandera**.
I hoist the **flag**.

bandido bandit

Él es un **bandido**.
He is a **bandit**.

bañador swimsuit

Tengo un **bañador** de flores.
I have a flowered **swimsuit**.

bañera
bathtub

Me baño en la **bañera**.
I bathe in the **bathtub**.

bar
bar

Las bebidas se sirven en el **bar**.
Drinks are served in the **bar**.

baraja cards

Les gusta jugar a la **baraja**.
They like playing **cards**.

barba beard

¡Qué barba tan larga!
What a long **beard**!

barbilla
chin

Tienes un grano en la **barbilla**.
You have a pimple on the **chin**.

barco
ship

El **barco** navega por el mar.
The **ship** sails the seas.

barrendero, - a   *sweeper*

Este **barrendero** es muy limpio.
This **sweeper** is very clean.

barrer
to sweep

El jardinero **barre** las hojas.
The gardener **sweeps** the leaves.

barril
barrel

Hay algo de vino en el **barril**.
There is some wine in the **barrel**.

barro
mud

Los cerdos se revuelcan en el **barro**.
Pigs wallow in the **mud**.

báscula   *scales*

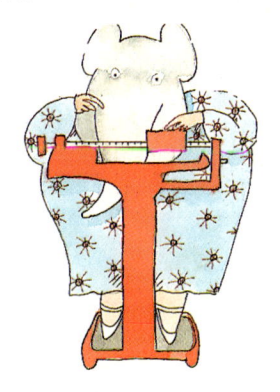

¡He roto la **báscula**!
I have broken the **scales**!

bastón
stick

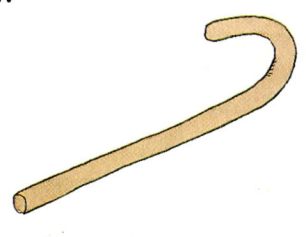

Mi abuelo usa **bastón**.
My grandfather uses a **stick**.

basura
garbage

La **basura** huele mal.
Garbage stinks.

bata   *overall*

Mi médico lleva **bata**.
My doctor wears an **overall**.

batido
milkshake

¡Este **batido** está muy rico!
This **milkshake** tastes good!

batuta
baton

El director levanta la **batuta**.
The conductor raises the **baton**.

baúl
chest

¡Qué **baúl** tan pesado!
*What a heavy **chest**!*

bazar *bazaar*

En el **bazar** venden muchas cosas.
*Many things are sold in the **bazaar**.*

bebé *baby*

Este **bebé** es travieso.
*This is a naughty **baby**.*

beber
to drink

El cerdo **bebe** leche.
*The pig **drinks** milk.*

bellota
acorn

Los cerdos comen **bellotas**.
*Pigs eat **acorns**.*

bengala *star shell*

Tengo **bengalas** de colores.
*I have coloured **star shells**.*

besar
to kiss

Beso a mi mamá.
*I **kiss** mum.*

biberón *nursing bottle*

Ya está preparado el **biberón**.
*The **nursing bottle** is ready.*

biblioteca
library

En la **biblioteca** hay muchos libros.
*There are many books in the **library**.*

bicicleta
bike

Mi abuelo monta en **bicicleta**.
*My grandfather rides a **bike**.*

bicho *bug*

¡Qué **bicho** tan raro!
*What an odd **bug**!*

bigote *moustache*

Mi padre tiene **bigote**.
*My father has a **moustache**.*

billar
billiards

Daniel juega al **billar**.
Daniel plays **billiards**.

billete ticket

He encontrado un **billete**.
I have found a **ticket**.

biombo folding screen

Tengo un **biombo**.
I have a **folding screen**.

bizcocho
cake

¡Qué **bizcocho** tan delicioso!
What a tasty **cake**!

blanco, - a
white

El caballo **blanco** viene hacia aquí.
The **white** horse comes here.

blando, - a soft

El chicle es **blando**.
Chewing gum is **soft**.

blusa blouse

Mi madre me dio una **blusa**.
My mother gave me a **blouse**.

boa
boa

Las **boas** no tienen patas.
Boas have no legs.

boca
mouth

¡Qué **boca** tan grande…!
What a big **mouth**…!

bocadillo sandwich

¿Estás comiendo ese **bocadillo**?
Are you eating that **sandwich**?

bocina
horn

Me gusta el sonido de esta **bocina**.
I like the sound of this **horn**.

boda wedding

Me gustan las **bodas**.
I like **weddings**.

bodega
cellar

Guardo el vino en la **bodega**.
I keep the wine in the **cellar**.

boina
beret

Tu abuelo lleva una **boina**.
Your grandfather wears a **beret**.

bolera
bowling alley

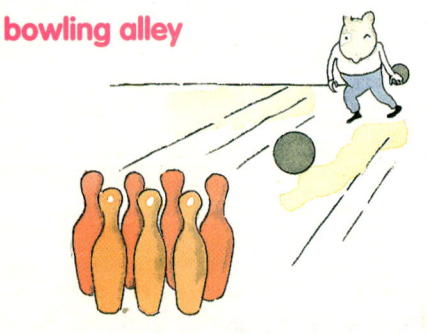

Voy a la **bolera**.
I am going to the **bowling alley**.

bolígrafo
ball-point pen

Mi **bolígrafo** está roto.
My **ball-point pen** is broken.

bolsillo
pocket

Estos **bolsillos** están vacíos.
These **pockets** are empty.

bolso
handbag

¿Es este tu **bolso**?
Is this your **handbag**?

bombero, -s   fireman, firemen

Los **bomberos** apagan incendios.
Firemen put out fires.

bombilla
bulb

La **bombilla** alumbra el cuarto.
The **bulb** lights the room.

bombón
chocolate

A Flora le gustan los **bombones**.
Flora likes **chocolates**.

bordado   embroidering

¡Qué **bordado** tan bonito!
What a nice **embroidering**!

borracho, - a   drunk

Es muy triste estar **borracho**.
It is very sad to be **drunk**.

bosque   forest

Me gusta pasear por el **bosque**.
I like walking round the **forest**.

bostezar
to yawn

Bostezo cuando me da sueño.
I **yawn** when I get sleepy.

botar
bounce

Mi pelota **bota**.
My ball **bounces**.

botella
bottle

Mando un mensaje en la **botella**.
I send a message in the **bottle**.

botón
button

¿Es tuyo este **botón**?
Is this **button** yours?

brazo
arm

Tengo un **brazo** roto.
I have a broken **arm**.

broche
brooch

¡Qué **broche** tan reluciente!
What a shiny **brooch**!

broma   joke

¡Ja, ja! ¡Es una **broma**!
Ha, ha! It is a **joke**!

bruja   witch

La **bruja** tiene un gran sombrero.
The **witch** has a big hat.

brújula
compass

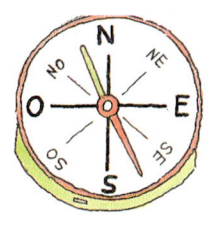

La **brújula** señala el norte.
The **compass** points North.

bufanda   scarf

Mi abuela teje una **bufanda**.
My grandmother knits a **scarf**.

búho
owl

El **búho** vigila por la noche.
The **owl** watches at night.

burbuja   bubble

Hago **burbujas** de jabón.
I make soap **bubbles**.

butaca
armchair

Esta es mi **butaca**.
This is my armchair.

buzo
diver

El **buzo** encontró un tesoro.
The diver found a treasure.

buzón
letterbox

Echo las cartas al **buzón**.
I put the letters into the letterbox.

C c

caballo
horse

¡Vamos a montar a **caballo**!
Let's ride a horse!

cabeza　　　　　　*head*

Me lavo la **cabeza**.
I wash my head.

cabra
goat

La **cabra** vive en el campo.
The goat lives in the country.

cacahuete　　　　*peanut*

Los monos comen **cacahuetes**.
Monkeys eat peanuts.

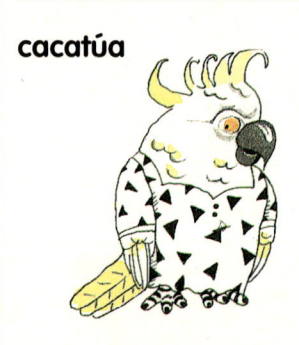

cacatúa　　　　　*cockatoo*

¡Qué **cacatúa** tan graciosa!
What a funny cockatoo!

cacerola　　　　　*pan*

Guisamos la comida en **cacerolas**.
We cook food in pans.

20

cactus
cactus

El **cactus** pincha.
The **cactus** pricks.

caer — *to fall down*

¡Me **caí**!
I **fell down**!

café
coffee

¡Qué **café** tan delicioso!
What a delicious **coffee**!

caimán
cayman

Los **caimanes** son peligrosos.
Caymans are dangerous.

caja
box

¿Qué hay en la **caja**?
What is inside the **box**?

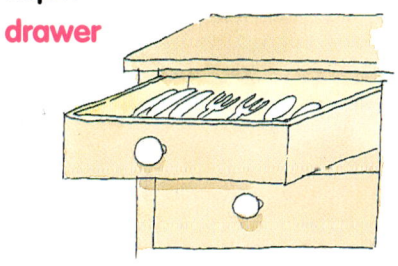

cajón
drawer

Guardo la cubertería en el **cajón**.
I keep the cutlery in the **drawer**.

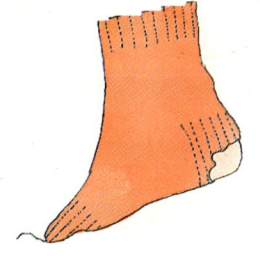

calcetín
sock

Tienes que coser el **calcetín**.
You have to sew your **sock**.

calculadora — *calculator*

Compruebo las sumas con la **calculadora**.
I check the sums with the **calculator**.

calendario
calendar

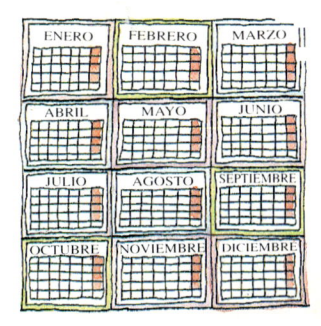

Miro en un **calendario** qué día es hoy.
I look up in a **calendar** which date is today.

calor — *heat*

¡Hace excesivo **calor**!
It is an excessive **heat**!

calvo, - a
bald

Mi abuelo está **calvo**.
My grandfather is **bald**.

callar — *to shut up*

¡**Cállate**!
Shut up!

calle
street

bus stop
parada del autobús
tapia wall
acera sidewalk
árbol tree
moto motorbike
bicicleta bicycle
camión lorry
coche car
taxi taxi
autobús bus
farola lamppost
semáforo traffic light
guardia policeman
papelera litter bin
cantante singer
músico musician
cochecito pram

22

cama
bed

Esta es mi **cama**.
This is my **bed**.

camarero
waiter

El **camarero** me trae un refresco.
The **waiter** brings me a cold drink.

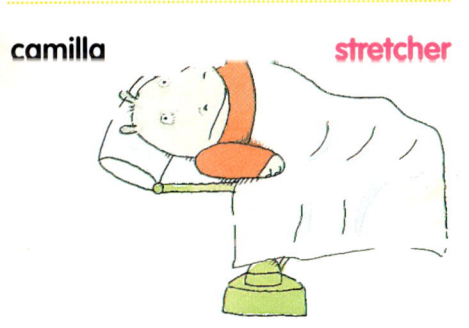

camilla   stretcher

El paciente está tendido en la **camilla**.
The patient lies on the **stretcher**.

camino
path

¿Qué **camino** lleva al castillo?
Which is the **path** to the castle?

camión
lorry

Este **camión** lleva fruta.
This **lorry** carries fruit.

camisa
shirt

Te has manchado la **camisa**.
You have soiled your **shirt**.

camiseta
vest

Llevo **camiseta** en invierno.
I wear a **vest** in winter.

camisón   nightdress

¡Qué **camisón** tan largo!
What a long **nightdress**!

campana
bell

Suenan las **campanas**.
The **bells** toll.

campanario   bell tower

Las iglesias tienen **campanario**.
Churchs have a **bell tower**.

campeón   champion

Este caballo es el **campeón**.
This horse is the **champion**.

campesino, - a   peasant

Los **campesinos** trabajan en el campo.
Peasants work in the field.

campo — country

Me gusta ir al **campo**.
I like going to the **country**.

cana — white hair

Tienes un montón de **canas**.
You have a lot of **white hairs**.

canario — canary

Mi tía tiene un **canario**.
My aunt has a **canary**.

canción — song

La soprano canta una **canción**.
The soprano sings a **song**.

cangrejo — crab

Los **cangrejos** van hacia atrás.
Crabs go backwards.

canguro — kangaroo

Los **canguros** viven en Australia.
Kangaroos live in Australia.

cansado, - a — tired

Estoy **cansado**.
I am **tired**!

cantar — to sing

Canta fatal.
She **sings** horribly.

cara — face

Tienes la **cara** sucia.
Your **face** is dirty.

caracol — snail

El **caracol** anda muy despacio.
The **snail** walks very slowly.

caramelo — sweet

¿Me das por favor un **caramelo**?
Will you please give me a **sweet**?

cárcel — prison

Los ladrones están en la **cárcel**.
Thieves are in **prison**.

caricatura
caricature

Esta es mi **caricatura**.
This is my **caricature**.

caries caries

¿Tienes **caries**?
Do you have **caries**?

carnaval
carnival

Nos disfrazamos en **carnaval**.
We disguise ourselves in **carnival**.

carnicero, - a butcher

El **carnicero** vende carne.
The **butcher** sells meat.

carpeta
folder

Los papeles están en la **carpeta**.
Papers are in the **folder**.

carretera
road

El pueblo está al lado de la **carretera**.
The village is beside the **road**.

carroza carriage

Cenicienta fue al baile en una **carroza**.
Cinderella went to the ball in a **carriage**.

carta letter

Enviamos la **carta** en un sobre.
We send the **letter** in an envelope.

cartera
satchel

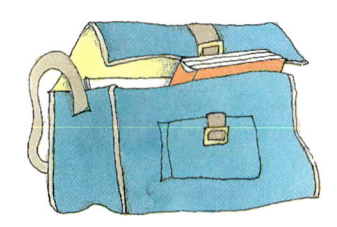

Guardo los libros en la **cartera**.
I keep the books in the **satchel**.

cartero postman

El **cartero** reparte las cartas.
The **postman** delivers the letters.

casa house

Vivo en una **casa** acogedora.
I live in a cosy **house**.

cascabel jingle bell

El gato tiene un **cascabel**.
The cat has a **jingle bell**.

casete
cassette

Tengo que grabar este **casete**.
I have to record this **cassette**.

castaña
chestnut

Me gustan las **castañas** asadas.
I like baked **chestnuts**.

castillo
castle

La princesa vive en un **castillo**.
The princess lives in a **castle**.

catarro
cold

Tengo un **catarro** tremendo.
I have a terrible **cold**.

cebolla
onion

Lloro cuando pico **cebollas**.
I weep when I chop **onions**.

cebra zebra

Las **cebras** parecen caballos con pijama.
Zebras look like horses wearing pyjamas.

ceja eyebrow

El boxeador tiene una **ceja** rota.
The boxer has a broken **eyebrow**.

cepillar to brush

Bruno **cepilla** el abrigo.
Bruno **brushes** the coat.

cerdo
pig

El **cerdo** está engordando.
The **pig** is getting fat.

cereza cherry

Las **cerezas** están muy buenas.
Cherries are delicious.

cerrado, - a closed

El cofre está **cerrado**.
The chest is **closed**.

cerradura keyhole

No mires por el ojo de la **cerradura**.
Do not look through the **keyhole**.

cesta
basket

Colecciono **cestas**.
I collect baskets.

chal
shawl

¡Qué **chal** tan bonito llevas!
What a pretty shawl you wear!

champán   *champagne*

Brindamos con **champán**.
We toast in champagne.

champiñón, seta
mushroom

Recogemos **champiñones**.
We pick mushrooms.

champú   *shampoo*

Me lavo la cabeza con **champú**.
I wash my head with shampoo.

chándal   *tracksuit*

Me pongo un **chándal** los domingos.
I wear a tracksuit on Sundays.

chaqué
morning coat

Estás muy elegante con el **chaqué**.
You are very elegant with your morning coat.

chaqueta
jacket

Llevas una **chaqueta** estrecha.
You wear a tight jacket.

charco   *puddle*

Me gusta saltar los **charcos**.
I like jumping the puddles.

charlar   *to chat*

¡Siempre estáis **charlando**!
You are always chatting!

cheque
cheque

Mi madre pagó con un **cheque**.
My mother paid with a cheque.

chicle
chewing gum

Me gustan los **chicles** de menta.
I like mint **chewing gums.**

chicharra
cicada

Las **chicharras** cantan en verano.
Cicadas sing in summertime.

chichón
bump

Tengo un **chichón**.
I have a **bump.**

chillar
to scream

¡No **chilles!**
Do not **scream!**

chimenea
chimney

Sale humo de la **chimenea**.
Smoke comes out of the **chimney.**

chimpancé   chimpanzee

Este **chimpancé** es divertido.
This **chimpanzee** is funny.

chino, - a
Chinese

Tengo dos amigos **chinos**.
I have two **Chinese** friends.

chiste
joke

¡Qué **chiste** tan divertido!
What a funny **joke!**

chistera
top hat

El elefante salió de la **chistera**.
The elephant came out of the **top hat.**

chocar   to crash

Dos coches han **chocado**.
Two cars have **crashed.**

chocolate
chocolate

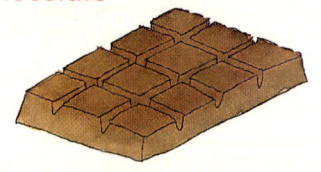

¿Me das un trozo de **chocolate?**
May I have a piece of **chocolate?**

chófer
chauffeur

El **chófer** conoce el camino.
The **chauffeur** knows the way.

chopo
white poplar

Estos árboles son **chopos**.
These trees are **white poplars**.

chorizo
sausage

Me gusta el bocadillo de **chorizo**.
I like **sausage** sandwiches.

chuchería
sweet

¡Cuántas **chucherías** tienes!
You have a lot of **sweets**.

chupar
to suck

¡No te **chupes** el dedo!
Do not **suck** your finger!

chupete
dummy

¡Eres demasiado grande para usar **chupete**!
You are too big to use a **dummy**!

cielo
sky

Hay nubes en el **cielo**.
There are clouds in the **sky**.

ciempiés
centipede

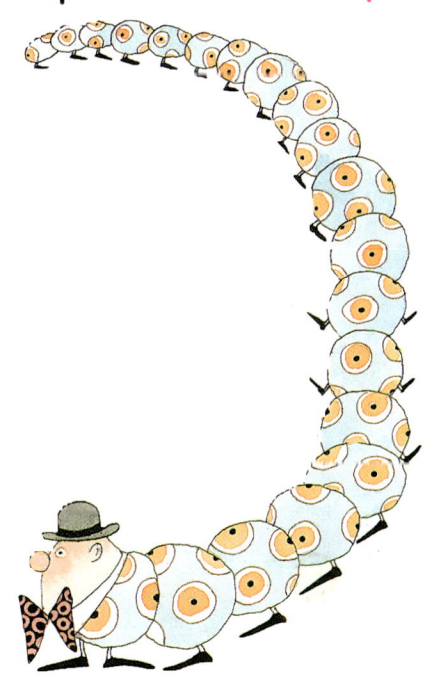

El **ciempiés** necesita muchos zapatos.
A **centipede** needs many shoes.

ciervo
deer

El **ciervo** acaba de nacer.
The **deer** is just born.

cine
cinema

Hoy voy a ir al **cine**.
Today I am going to the **cinema**.

cintura
waist

Llevo un cinturón en la **cintura**.
I wear a belt on my **waist**.

circo
circus

acróbata
acrobat

payaso
clown

domador
tamer

malabarista
juggler

bailarina
dancer

Nos divertimos en el **circo**.
*We have fun in the **circus**.*

ciruela
plum

Las **ciruelas** están muy dulces.
***Plums** are very sweet.*

cisne *swan*

Hay tres **cisnes** en el estanque.
*There are three **swans** in the pond.*

cocinero, -a
cook

Eres un mal **cocinero**.
*You are a bad **cook**.*

coche
car

¡Qué **coche** tan pequeño!
*What a little **car**!*

codo
elbow

Siento dolor en el **codo**.
*I feel pain in my **elbow**.*

coger *to take*

¿Me **coges** en tus brazos?
*Do you **take** me in your arms?*

cohete
rocket

El **cohete** llegó a la luna.
*The **rocket** arrived in the moon.*

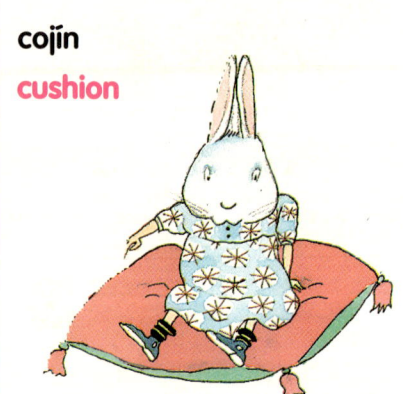

cojín
cushion

Este es el **cojín** de mi abuela.
*This is my grandmother's **cushion**.*

colarse
to jump the queue

¡No te **cueles**!
Do not **jump the queue**!

colegio school

Este es mi **colegio**.
This is my **school**.

colgar
to hang

He **colgado** un cuadro.
I have **hanged** a picture.

color
colour

amarillo — yellow

verde — green

naranja — orange

marrón — brown

rojo — red

rosa — pink

azul — blue

gris — grey

morado — purple

negro — black

blanco — white

¿Cuál es tu **color** preferido?
What is your favourite **colour**?

31

collar
necklace

Mi tía tiene un **collar** de perlas.
My aunt has a pearl **necklace.**

comba
rope

¡Vamos a saltar a la **comba**!
Let skip with the **rope!**

comer
to eat

El cerdito **come** un montón.
The piglet **eats** a lot.

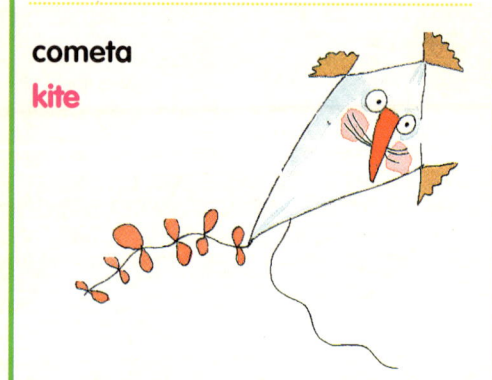

cometa
kite

Mi **cometa** sube al cielo.
My **kite** goes up to the sky.

cómodo, - a
comfortable

Estos zapatos son **cómodos**.
These shoes are **comfortable.**

comprar
to buy

¿Me puedes **comprar** un helado?
Can you **buy** me an ice cream?

conducir   *to drive*

Mi tio **conduce** mal.
My uncle **drives** badly.

conejo   *rabbit*

Aquí están los **conejos**.
Here are the **rabbits.**

conocer
to know

¿**Conoces** a mi perrito?
Do you **know** my puppy?

construir   *to build*

He **construido** un castillo.
I have **built** a castle.

contar   *to count*

1, 2, 3… ¡ya sé **contar**!
1, 2, 3… I can **count!**

copa   *glass*

¿Quieres una **copa** de champán?
Do you want a **glass** of champagne?

corbata
tie

Mi padre lleva **corbata**.
My father wears a **tie**.

coro
chorus

Canto en el **coro**.
I sing in the **chorus**.

corona
crown

Los reyes llevan **corona**.
Kings wear a **crown**.

cortar
to cut

Corto el césped.
I **cut** the grass.

corto, - a
short

El abrigo te está **corto**.
Your coat is **short**.

coser
to sew

La modista **cose**.
The dressmaker **sews**.

cosquillas   *tickling*

Las **cosquillas** me hacen reír.
Tickling makes me laugh.

cremallera   *zipper*

Mi chaqueta tiene una **cremallera**.
My jacket has a **zipper**.

cromo
picture

¿Cuántos **cromos** tienes?
How many **pictures** have you got?

cuadro   *painting*

Hay muchos **cuadros** en los museos.
There are many **paintings** in the museums.

cuento   *tale*

Por favor, ¿me cuentas un **cuento**?
Please, would you tell me a **tale**?

33

cueva
cave

Los osos viven en **cuevas**.
Bears live in **caves**.

cumpleaños   birthday

Hoy es mi **cumpleaños**.
Today is my **birthday**.

curar
to heal

El médico **cura** a sus pacientes.
The doctor **heals** his patients.

D d

de

dado, - s
die, dice

Nos divertimos jugando a los **dados**.
We have fun playing **dice**.

dálmata
dalmatian dog

Mi primo tiene un **dálmata**.
My cousin has a **dalmatian dog**.

danzar   to dance

Me encanta **danzar**.
I like **dancing**.

daño (hacerse)   to hurt

¡Ay! ¡Me he **hecho daño** en el pie!
Ouch! I have **hurt** my foot!

dar   to give

¿Me **das** un bombón?
Would you **give** me a chocolate?

dardo — dart

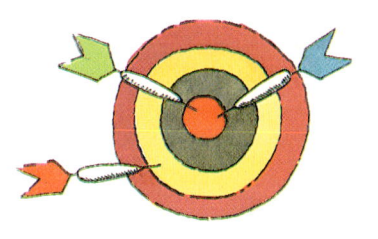

Papá juega a los **dardos**.
Daddy plays **darts**.

dátil — date

El **dátil** es el fruto de la palmera.
Date is the fruit of the palm tree.

debajo — under

Hay un ratón **debajo** de la mesa.
There is a mouse **under** the table.

decena — ten

Las naranjas se venden por **decenas**.
Oranges are sold in **tens**.

decir — to tell

Dime tu nombre.
Tell me your name.

dedal — thimble

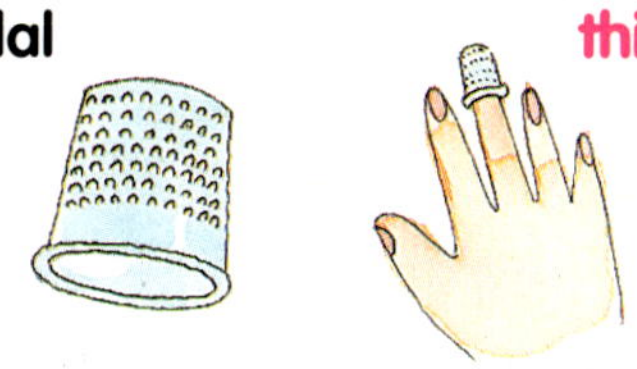

Siempre coso con **dedal**.
I always sew with a **thimble**.

dedo — finger

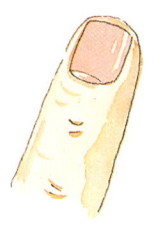

Mi mano tiene cinco **dedos**.
My hand has five **fingers**.

defender — to defend

El perro **defiende** a las ovejas.
The dog **defends** the sheeps.

dejar — to lend

Te **dejo** mi muñeca.
I **lend** you my doll.

delantal — apron

Úrsula lleva **delantal**.
Ursula wears an **apron**.

delante — in front of

El perro está **delante** del árbol.
The dog is **in front of** the tree.

delfín — dolphin

Los **delfines** son muy inteligentes.
Dolphins are very clever.

delgado, - a
slim

Estás muy **delgado**.
You are very **slim**.

dentífrico
toothpaste

¡No gastes tanto **dentífrico**!
Do not spend so much **toothpaste**!

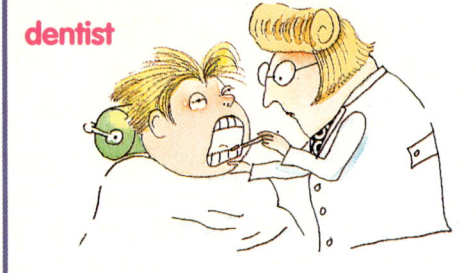

dentista
dentist

Voy al **dentista** una vez al año.
I go to the **dentist** once a year.

dentro
in

El elefante está **dentro** del barreño.
The elephant is **in** the tub.

deporte
sport

Practicar **deportes** es sano.
Practising **sports** is healthy.

deprisa
fast

¿Dónde vas tan **deprisa**?
Where are you going so **fast**?

derecho, - a
right

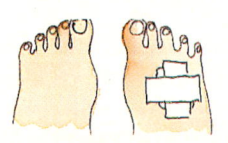

Tengo una herida en el pie **derecho**.
I have an injury on my **right** foot.

derramar to spill

Has **derramado** la leche.
You have **spilled** the milk.

derretir
to melt

¡El helado se ha **derretido**!
The ice cream has **melted**!

desatar to untie

Llevas los cordones **desatados**.
Your shoestrings are **untied**.

desabrochar to unbutton

¿Me **desabrochas** el abrigo?
Will you **unbutton** my coat?

desafinar to be out of tune

Tu guitarra está **desafinada**.
Your guitar is **out of tune**.

descalzo, - a
barefoot

No andes **descalzo**.
Do not walk **barefoot**.

descansar — to rest

Descansamos en vacaciones.
We **rest** on holidays.

descarrilar — to be derailed

El tren ha **descarrilado**.
The train has **been derailed**.

descolgar
to take down

Estoy **descolgando** este cuadro.
I am **taking down** this painting.

descorchar
uncork

Descorchó la botella.
He **uncorked** the bottle.

descoser — to unstitch

Tiene la falda **descosida**.
She has the skirt **unstitched**.

desdentado
toothless

Ese león está **desdentado**.
This lion is **toothless**.

desenredar — to disentangle

¡**Desenrédate** el pelo!
Disentangle your hair!

desenvolver
to unwrap

Me encanta **desenvolver** regalos.
I like **unwrapping** presents.

deshojar — to pull the leaves off

David **deshoja** la margarita.
David **pulls the** daisy **leaves off**.

desierto — desert

Los camellos son los taxis del **desierto**.
Camels are the **desert** taxis.

desmayar — to faint

Esta señora se **desmayó**.
This lady **fainted**.

desnudo, - a
naked

El bebé está **desnudo**.
The baby is **naked**.

desordenado, - a
untidy

¡Qué cuarto tan **desordenado**!
What an **untidy** room!

despacio
slowly

La tortuga anda **despacio**.
The turtle walks **slowly**.

despedir   to say goodbye

Fuimos a **despedirle**.
We went to **say** him **goodbye**.

despensa
pantry

La **despensa** está llena de jamones.
The **pantry** is plenty of hams.

despertador   alarm clock

Mi **despertador** suena a las ocho.
My **alarm clock** rings at eight o'clock.

despertar
to wake up

Los domingos me **despierto** más tarde.
On sunday I **wake up** later.

despistado
absent-minded

¡Es un **despistado**!
He is **absent-minded**!

destrozar
to break to pieces

Has **destrozado** el jarrón.
You have **broken** the vase **to pieces**.

detective   detective

Un amigo mío es **detective**.
A friend of mine is a **detective**.

detergente   detergent

Echo **detergente** en la lavadora.
I put **detergent** into the washing machine.

detrás   behind

El gato está **detrás** del ratón.
The cat is **behind** the mouse.

día
day

El **día** tiene veinticuatro horas.
The **day** has twenty-four hours.

diadema
diadem

Tu **diadema** es preciosa.
Your **diadem** is very pretty.

diamante
diamond

Esta es una sortija de **diamantes**.
This is a **diamond** ring.

dibujar to draw

Me gusta **dibujar**.
I like **drawing**.

diccionario
dictionary

Busco palabras en el **diccionario**.
I look words up in the **dictionary**.

diente, -s tooth, teeth

Tengo muy pocos **dientes**.
I have few **teeth**.

dieta
diet

Mi tía hace **dieta**.
My aunt is on **diet**.

dinero
money

Tiene un montón de **dinero**.
He has a lot of **money**.

dinosaurio
dinosaur

No tengo miedo de los **dinosaurios**.
I am not afraid of **dinosaurs**.

disco record

Me regalaron un **disco**.
I was given a **record**.

39

disfraz
fancy dress

mosquetero **musketeer**

superman **superman**

fantasma **ghost**

cocinero **cook**

hada **fairy**

indio **indian**

pirata **pirate**

Arlequín **Harlequin**

mago **magician**

payaso **clown**

Colombina **Colombina**

¿Qué **disfraz** prefieres?
Which **fancy dress** do you prefer?

distraerse
to distract

Una mosca lo ha **distraído**.
The fly has **distracted** him.

doble
twice

Cuatro es el **doble** de dos.
Four is **twice** two.

docena
dozen

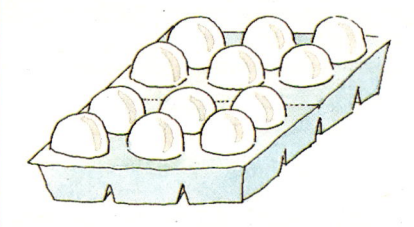

Compré una **docena** de huevos.
I bought a **dozen** eggs.

dolor
ache

Tengo **dolor** de muelas.
I have a tooth **ache**.

domador
tamer

Soy **domador** de leones.
I am a lions **tamer**.

dominó
domino

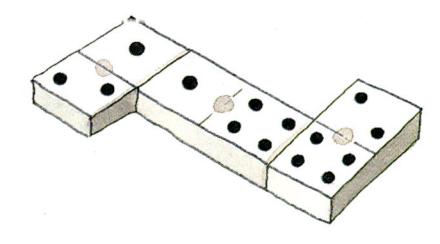

Jugamos al **dominó**.
We play **dominoes**.

dorado, - a
golden

Tengo peces **dorados**.
I have **golden** fishes.

dormilón, - a
sleepy

Eres muy **dormilón**.
You are very **sleepy**.

dragón
dragon

No me asustan los **dragones**.
I am not afraid of **dragons**.

ducharse
to take a shower

Me **ducho** todos los días.
I **take a shower** every day.

duende
elf

¿Has visto algún **duende**?
Have you ever seen any **elf**?

dulce
sweet

La mermelada sabe **dulce**.
The jam tastes **sweet**.

duro, - a
hard

Este pan está **duro**.
This bread is **hard**.

E e

edredón
quilt

¡Qué **edredón** tan bonito!
What a nice **quilt.**

egoísta selfish

Eres un **egoísta.**
You are **selfish.**

elefante
elephant

Este **elefante** es bailarín.
This **elephant** is a dancer.

elegante elegant

¡Es un hombre muy **elegante**!
He is a very **elegant** man!

echar to throw

¿Quién está **echando** agua?
Who is **throwing** water?

edificio building

Este **edificio** es muy alto.
This **building** is very high.

elegir to choose

Elige un juguete.
Choose a toy.

embudo funnel

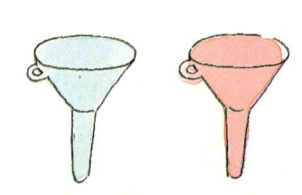

Tengo dos **embudos.**
I have two **funnels.**

empacharse to have indigestion

¡Estoy **empachado**!
I **have indigestion**!

empañado steamy

Los cristales están **empañados.**
The glasses are **steamy.**

empapelar to paper up

Estoy **empapelando** mi cuarto.
I am **papering up** my room.

empujar
to push

¡No me **empujes**!
Do not **push** me!

enamorarse to fall in love

Tino se ha **enamorado**.
Tino has **fallen in love**.

encerado, - a
waxed

El suelo está **encerado**.
The floor is **waxed**.

encestar to score

¡Bien! ¡**Encesté**!
Fine! I **scored**!

enero
January

En **enero** hace frío
In **January** it is cold.

encontrar to find

Encontré una moneda.
I **found** a coin.

encoger to shrink

Tu jersey ha **encogido**.
Your jumper has **shrunk**.

enchufe plug

No metas los dedos en el **enchufe**.
Do not put your fingers in the **plug**.

enfadarse
to be angry

Benito está **enfadado**.
Benito is **angry**.

enfermo, - a
ill

Mi muñeca está **enferma**.
My doll is **ill**.

enfermero, - a
nurse

Cuando crezca, seré **enfermera**.
When I grow up I will be a **nurse**.

enhebrar
to thread

¿Puedes **enhebrar** esta aguja?
Can you **thread** this needle?

enjambre
swarm

Muchas abejas forman un **enjambre**.
Many bees make a **swarm**.

enorme
huge

Tu oreja es **enorme**.
Your ear is **huge**.

enredo
tangle

¡Vaya **enredo**!
What a **tangle**!

ensalada
salad

Me gusta la **ensalada**.
I like eating **salad**.

ensartar
to string

Estamos **ensartando** bolas.
We are **stringing** beads.

ensuciar
to soil

Nos hemos **ensuciado**.
We have **soiled** ourselves.

equilibrista
acrobat

Soy un **equilibrista**.
I am an **acrobat**.

equipaje
luggage

Este es mi **equipaje**.
This is my **luggage**.

erizo hedgehog

Los **erizos** tienen púas.
Hedgehogs have quills.

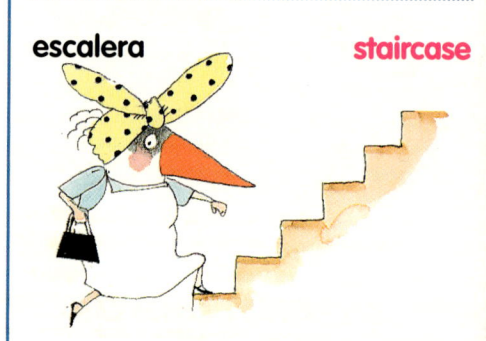

escalera staircase

Esta **escalera** tiene seis peldaños.
This **staircase** has six steps.

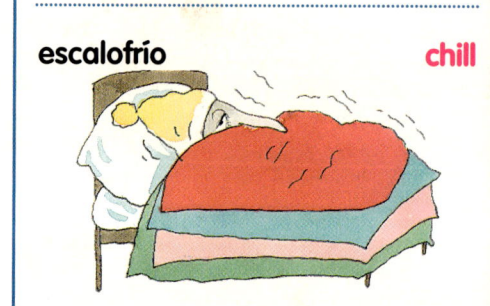

escalofrío chill

Tengo **escalofríos**.
I have **chills**.

escama
scale

Los peces tienen **escamas**.
Fishes have **scales**.

escaparate　　**shop window**

Este **escaparate** es interesante.
This **shop window** is interesting.

escayola
plaster

La ardilla tiene una **escayola** en el pie.
The squirrel has his foot in a **plaster**.

escoba
broom

Las brujas viajan en **escoba**.
Witches ride on a **broom**.

esconder　　**to hide**

¿Quién **escondió** mi zapatilla?
Who **hid** my slipper?

escribir
to write

Hipo está **escribiendo** una carta.
Hippo is **writing** a letter.

escuela　　**school**

Voy a la **escuela** para aprender.
I go to **school** to learn.

espaguetis
spaghetti

Ayer comí **espaguetis**.
Yesterday I ate **spaghetti**.

espárrago　　**asparagus**

Me gustan los **espárragos** con mayonesa.
I like **asparagus** with mayonnaise.

espejo　　**mirror**

Pregunto al **espejo** quién es la más bella.
I ask the **mirror** who is the prettiest.

espinilla　　**blackhead**

Tienes una **espinilla** en la nariz.
You have a **blackhead** on your nose.

esponja
sponge

Me froto con la **esponja**.
I rub myself with the **sponge**.

esquiar
to ski

Esquío en la nieve.
I **ski** on the snow.

esquimal
Eskimo

Los **esquimales** viven en el Polo Norte.
Eskimos live in the North Pole.

establo stall

Los caballos están en el **establo**.
The horses are in the **stall**.

estatua
statue

Me gusta esta **estatua**.
I like this **statue**.

estornudar to sneeze

¡Aaaachísss! **Estornudé**.
Atchoooo! I **sneezed**.

estrecho, - a tight

Tu vestido es **estrecho**.
Your dress is **tight**.

estrella star

Las **estrellas** brillan en el cielo.
The **stars** shine on the sky.

estrenar
to use for the first time

Estreno este sombrero.
I **use** this hat **for the first time**.

estudiar to study

Mi primo **estudia** mucho.
My cousin **studies** a lot.

estufa stove

La **estufa** calienta la habitación.
The **stove** heats up the room.

excursión trip

Vamos de **excursión**.
We go on a **trip**.

F f

f

falda
skirt

¿Te gusta mi **falda**?
Do you like my **skirt?**

familia
family

grandfather
abuelo

grandmother
abuela

tío uncle

padre madre
father mother

tía
aunt

hermana
sister

hermano
brother

primo
cousin

yo I

Esta es mi **familia.**
This is my **family.**

fantasma
ghost

No me asustan los **fantasmas**.
I am not afraid of **ghosts**.

farmacia — chemist's

Compro medicinas en la **farmacia**.
I buy medicines at the **chemist's**.

faro — lighthouse

El **faro** siempre da luz.
The **lighthouse** always gives light.

farola
street-lamp

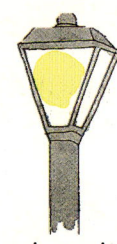

Las **farolas** alumbran las calles.
Street-lamps illuminate the streets.

felpudo
doormat

Me limpio los pies en el **felpudo**.
I wipe my feet on the **doormat**.

feo, - a
ugly

Este mono no es tan **feo**.
This monkey is not so **ugly**.

feria
fair

Voy a la **feria**.
I go to the **fair**.

fideo — noodle

Tomo sopa de **fideos**.
I eat **noodles** soup.

fiebre
fever

Tengo **fiebre**.
I have **fever**.

fiesta — party

Hoy celebramos una **fiesta**.
Today we have a **party**.

filete
steak

Este **filete** está tierno.
This **steak** is tender.

firma — signature

No entiendo tu **firma**.
I cannot understand your **signature**.

flaco, - a
thin

Este perro está muy **flaco**.
This dog is very **thin**.

flan
caramel cream

Mi abuelo toma **flan**.
My grandfather eats **caramel cream**.

flauta *flute*

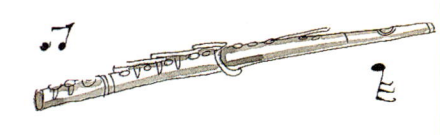

Me regalaron una **flauta**.
I was given a **flute**.

flemón
gumboil

Tienes un **flemón**.
You have a **gumboil**.

flequillo
fringe

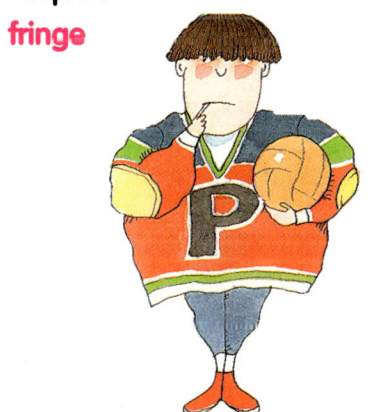

Daniel tiene el **flequillo** largo.
Daniel has a long **fringe**.

flexo
table lamp

En mi cuarto tengo un **flexo**.
I have a **table lamp** in my room.

flor
flower

nardo *nard*

dalia *dahlia*

girasol *sunflower*

amapola *poppy*

clavel *carnation*

margarita *daisy*

cala *Jack in the pulpit*

tulipán *tulip*

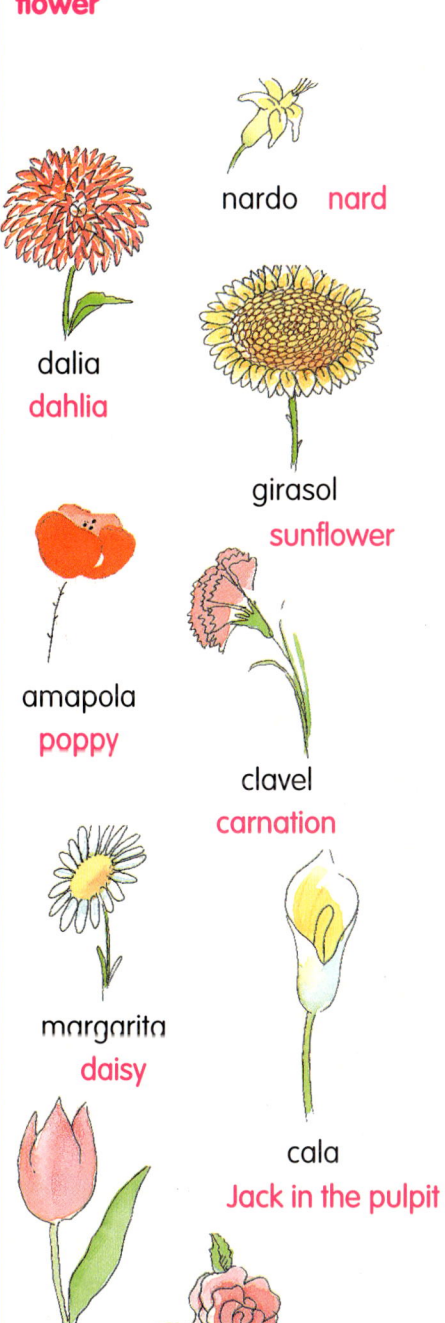

Esta **flor** huele muy bien.
This **flower** smells nice.

foca
seal

Las **focas** comen peces.
Seals eat fishes.

fondo *bottom*

Hay un tesoro en el **fondo** del mar.
There is a treasure in the bottom of the sea.

fontanero
plumber

El **fontanero** arregló el grifo.
The plumber repaired the tap.

fotografía
photograph

Esta es una **fotografía** de mi familia.
This is a photograph of my family.

frambuesa
raspberry

La tarta de **frambuesa** está deliciosa.
The raspberry cake is delicious.

frasco
flask

Colecciono **frascos** de colores.
I collect coloured flasks.

fregar
to scrub

Friego el suelo todos los días.
I scrub the floor every day.

frente
forehead

Tengo una herida en la **frente**.
I have a wound on my forehead.

frío
cold

En invierno hace **frío**.
In winter it's cold.

fruta *fruit*

manzana *apple*
cerezas *cherries*
plátano *banana*
uvas *grapes*
fresa *strawberry*
pera *pear*
ciruela *plum*
naranja *orange*
melón *melon*
piña *pineapple*

La **fruta** es muy sana.
Fruit is very healthy.

fuego
fire

El **fuego** está quemando el bosque.
The **fire** is burning the woods.

fuente
fountain

Bebo agua de la **fuente**.
I drink water from the **fountain**.

fuera
out

La pelota ha salido **fuera**.
The ball has gone **out**.

fuerte
strong

El levantador de pesas está **fuerte**.
The weight lifter is **strong**.

fugarse　　　　　to run away

Los presos se **fugaron**.
The prisoners **ran away**.

fumar
to smoke

Mi abuelo **fuma** en pipa.
My grandfather **smokes** a pipe.

fútbol
football

Me encanta el **fútbol**.
I love **football**.

furgoneta
van

El lechero tiene una **furgoneta**.
The milkman has a **van**.

G g

ge

gafas — glasses

Mi padre usa **gafas**.
My father wears **glasses**.

gajo
segment

¿Quieres un **gajo** de naranja?
Do you want an orange **segment**?

galleta
biscuit

Me gustan las **galletas**.
I like **biscuits**.

gallinero — henhouse

Las gallinas duermen en el **gallinero**.
Hens sleep at the **henhouse**.

ganar — to win

Mi equipo **ganó** el campeonato.
My team **won** the championship.

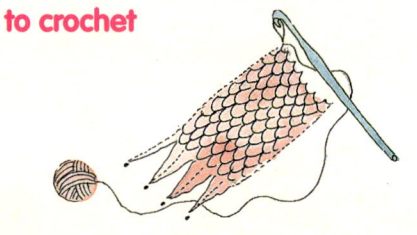

ganchillo (hacer)
to crochet

Mi abuela hace **ganchillo**.
Grandmother **crochets**.

garabatos (hacer)
to scribble

El niño **hace garabatos**.
The child **scribbles**.

garbanzo
chickpea

Estos **garbanzos** están duros.
This **chickpeas** are tough.

garganta — throat

Tengo dolor de **garganta**.
I have a sore **throat**.

garra — claw

El león tiene **garras**.
The lion has **claws**.

gasolinera
petrol station

En la **gasolinera** compramos gasolina.
At the **petrol station** we buy petrol.

gato, - a
cat

Mi tía tiene un **gato**.
My aunt has a **cat**.

gaviota
seagull

Las **gaviotas** viven en la costa.
Seagulls live at the seaside.

gel
bath foam

Me ducho con **gel**.
I take a shower with **bath foam**.

gemelo, - a
twin

Somos **gemelos**.
We are **twins**.

gente   people

Aquí hay mucha **gente**.
There are many **people** here.

giba   hump

El dromedario tiene una **giba**.
The dromedary has a **hump**.

gigante   giant

Este **gigante** es mi amigo.
This **giant** is my friend.

gimnasia
gymnastics

Me gusta hacer **gimnasia**.
I like practising **gymnastics**.

girar   to turn

La peonza **gira**.
The spinning top **turns**.

girasol   sunflower

Los **girasoles** son grandes y amarillos.
Sunflowers are big and yellow.

globo

                                  balloon

¿Cuántos **globos** tienes?
How many **balloons** have you got?

glotón, - a
greedy

¡Eres muy **glotón**!
*You are very **greedy**.*

gol
goal

He marcado un **gol**.
*I have scored a **goal**.*

golondrina
swallow

Las **golondrinas** emigran en otoño.
***Swallows** migrate in autumn.*

golosina
sweet

Las **golosinas** estropean los dientes.
***Sweets** spoil teeth.*

golpe
knock

¡Vaya **golpe**!
*What a **knock**!*

góndola
gondola

En Venecia hay muchas **góndolas**.
*There are many **gondolas** in Venice.*

gordo, - a
fat

Mi perro está muy **gordo**.
*My dog is very **fat**.*

gorra
cap

Me gusta llevar **gorra**.
*I like wearing a **cap**.*

gotear
to drip

Ese grifo **gotea**.
*That tap **drips**.*

gotera
drip

El techo tiene **goteras**.
*The ceiling has **drips**.*

grande
big

Tus pies son **grandes**.
*Your feet are **big**.*

granja
farm

Mi tío tiene una **granja**.
*My uncle has a **farm**.*

grifo
tap

¡Cierra el **grifo**!
Shut the **tap**!

grillo
cricket

Los **grillos** cantan por la noche.
Crickets sing at night.

gritar
to shout

¡No **grites**!
Do not **shout**!

grúa
tow

La **grúa** se lleva un coche.
The **tow** takes a car away.

guante
glove

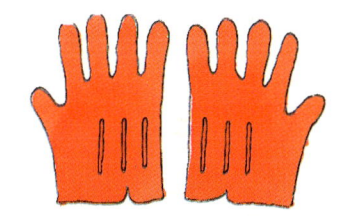

Llevo **guantes** en invierno.
I wear **gloves** in winter.

guapo handsome

Eres un niño muy **guapo**.
You are a **handsome** boy.

guindilla hot pepper

La **guindilla** pica.
Hot pepper burns.

guiñar
to wink

¿Sabes **guiñar** los ojos?
Con you **wink** your eyes?

guiñol
puppet theater

Tengo un teatro de **guiñol**.
I have a **puppet theater**.

guirnalda
garland

Sé hacer **guirnaldas** de flores.
I can make flower **garlands**.

guisante pea

Me gustan los **guisantes**.
I like **peas**.

guisar
to cook

La cocinera **guisa** bien.
The cook **cooks** fine.

55

guitarra

guitar

Tocas la **guitarra** muy bien.
You play the **guitar** quite well.

gusano

worm

Daniel tiene **gusanos** de seda.
Daniel has **silkworms**.

H h

hache

habitación — *room*

Esta es mi **habitación**.
This is my **room**.

hablar

to speak

Mi tía **habla** mucho.
My aunt **speaks** a lot.

hacha

axe

El leñador tiene un **hacha**.
The woodcutter has an **axe**.

hada

fairy

Os presento a mi **hada** madrina.
I introduce you my **fairy** godmother.

hamaca — *hammock*

Esta **hamaca** es muy cómoda.
This **hammock** is very comfortable.

hámster — *hamster*

El **hámster** es un animal pequeño.
A **hamster** is a small animal.

hebilla
buckle

Mis zapatos tienen **hebillas**.
My shoes have **buckles**.

helado
ice cream

¿Quieres un **helado** de limón?
Do you want a lemon **ice cream**?

helicóptero   **helicopter**

¡Mira! ¡Es un **helicóptero**!
Look! It is an **helicopter**!

herida
wound

Tengo una **herida**.
I have a **wound**.

hermano
brother

Estos son mis **hermanos**.
These are my **brothers**.

herradura
horseshoe

He encontrado una **herradura**.
¡Buena suerte!
I found a **horseshoe**. Good luck!

herramienta
tool

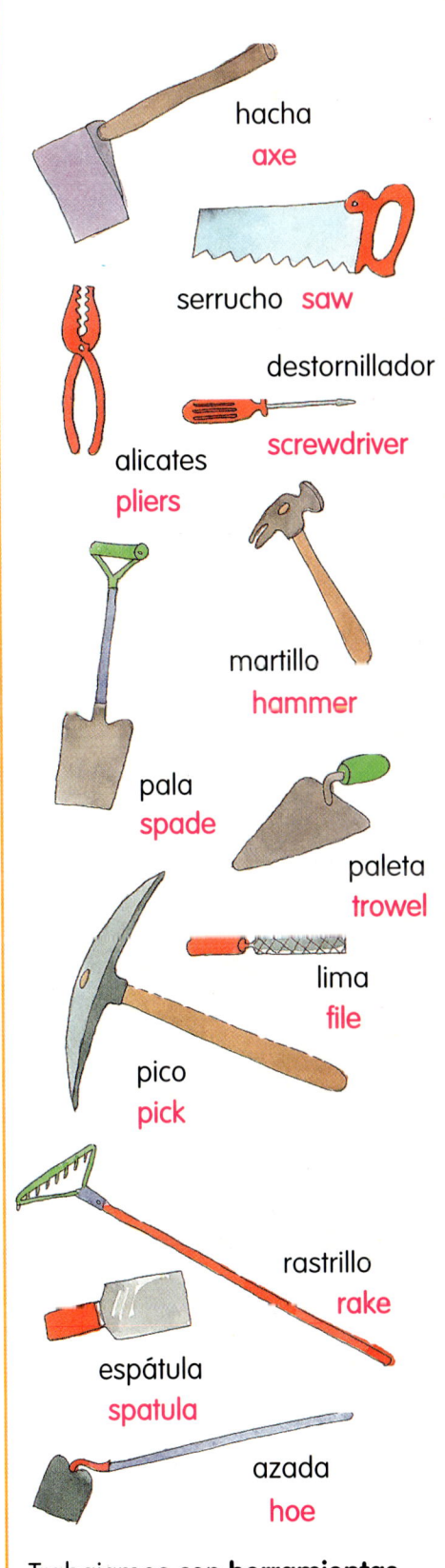

hacha axe
serrucho saw
destornillador screwdriver
alicates pliers
martillo hammer
pala spade
paleta trowel
lima file
pico pick
rastrillo rake
espátula spatula
azada hoe

Trabajamos con **herramientas**.
We work with **tools**.

hervir
to boil

El agua está **hirviendo**.
The water is **boiling**.

hielo
ice

Echo **hielo** en mi refresco.
I put **ice** in my cold drink.

hierba *grass*

Las vacas comen **hierba**.
Cows eat **grass**.

higo
fig

Estos **higos** están maduros.
These **figs** are ripe.

hilo
thread

Coso con **hilo** azul.
I sew with blue **thread**.

hipo
hiccup

Tienes **hipo**.
You have **hiccups**.

hipopótamo
hippo

Estos **hipopótamos** están en el río.
These **hippos** are in the river.

hocico
snout

Los osos tienen un **hocico** puntiagudo.
Bears have a sharp **snout**.

hoguera
bonfire

Los pastores se calientan junto a la **hoguera**.
The shepherds get warm near the **bonfire**.

hoja, -s
leaf, leaves

En otoño caen las **hojas** de los árboles.
In autumn **leaves** fall off the trees.

holgazán, - a *lazy*

Eres un **holgazán**.
You are a **lazy** man.

hombre, -s
man, men

Hay tres **hombres** en la parada.
There are three **men** at the bus stop.

hora *hour*

Una **hora** tiene sesenta minutos.
One **hour** has sixty minutes.

hormiga
ant

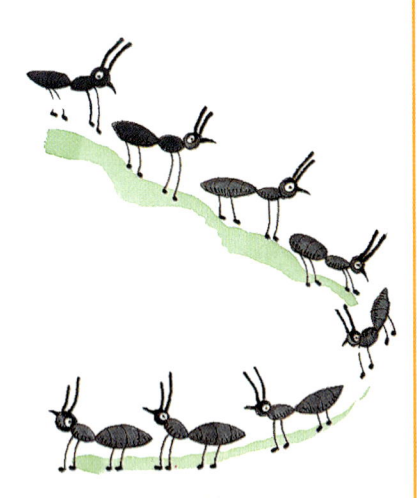

Las **hormigas** caminan en fila.
The **ants** walk in a line.

horno
stove

El pavo está en el **horno**.
The turkey is in the **stove**.

hortaliza
vegetable

El verdulero vende **hortalizas**.
The greengrocer sells **vegetables**.

hospital
hospital

Mi vecino trabaja en un **hospital**.
My neighbour works at a **hospital**.

hucha
money box

Tengo dinero en mi **hucha**.
I keep money in my **money box**.

huella footprint

Estas son tus **huellas**.
These are your **footprints**.

huevo
egg

La gallina puso cinco **huevos**.
The hen laid five **eggs**.

huir
to run away

¡No **huyas**!
Do not **run away**!

humo
smoke

Sale **humo** por la chimenea.
Smoke goes up from the chimney.

hundir to sink

El barco se **hundió**.
The ship **sank**.

huracán
hurricane

El **huracán** arrancó los árboles.
The **hurricane** pulled up the trees.

I i

iceberg
iceberg

El **iceberg** es impresionante.
The **iceberg** is astonishing.

idea
idea

Has tenido una buena **idea**.
You have had a good **idea**.

iglesia
church

Esta **iglesia** es muy antigua.
This **church** is very old.

igual — similar

Tu cartera y la mía parecen **iguales**.
Your bag and my bag look **similar**.

iguana — iguana

Me asustan las **iguanas**.
I am afraid of **iguanas**.

iluminado, - a — lighted up

La casa está **iluminada**.
The house is **lighted up**.

ilustrador, - a
illustrator

Mi amiga es **ilustradora** de libros.
My friend is a book **illustrator**.

imán
magnet

El **imán** atrae las cosas de hierro.
The **magnet** atracts iron things.

imitar
to imitate

¡No me **imites**!
Do not **imitate** me!

impar
odd

El 1 y el 3 son números **impares**.
1 and 3 are **odd** numbers.

imprenta
printing shop

Él trabaja en una **imprenta**.
He works in a **printing shop**.

incendio **fire**

Los bomberos apagan **incendios**.
Firemen put out **fires**.

incoloro, - a
colourless

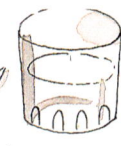

El agua es **incolora,** no tiene color.
Water is **colourless,** it has no colour.

incubadora **incubator**

El bebé está en la **incubadora**.
The baby is in the **incubator**.

inflar
to blow up

¿Me **inflas** el globo?
Con you **blow up** the balloon?

inglés
englishman

Es un perfecto **inglés**.
He is a perfect **englishman**.

inicial
initial

Me llamo Ana. La **inicial** es «A».
My name is Ana. The **initial** is "A".

insecto **insect**

Tengo una colección de **insectos**.
I have an **insect** collection.

instrumento
instrument

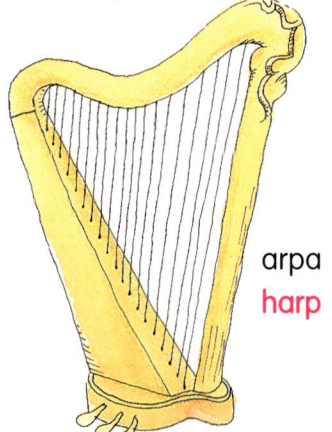

flauta
flute

tambor
drum

trompeta
trumpet

violín
violin

arpa
harp

guitarra
guitar

piano   piano

Sé tocar tres **instrumentos**.
I can play three **instruments**.

interruptor
switch

El **interruptor** enciende la luz.
The **switch** switches the light on.

inundar
to flood

¡Esto parece una **inundación**!
This seems a **flood**!

invernadero
greenhouse

Boris tiene un **invernadero**.
Boris has a **greenhouse**.

invierno   winter

A veces nieva en **invierno**.
Sometimes it snows in **winter**.

invitar
to invite

¡Qué bien, me han **invitado**!
How nice, they have **invited** me!

inyección   injection

Tengo que ponerte una **inyección**.
I have to give you an **injection**.

iris
iris

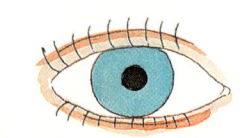

Tienes el **iris** azul.
You have blue **iris**.

isla
island

¡Nos acercamos a la **isla**!
We approach the **island**!

izquierdo, - a
left

Este es mi pie **izquierdo**.
This is my **left** foot.

J j

jota

jabalí   wild boar

Tienen miedo del **jabalí**.
They are afraid of the **wild boar**!

jabón
soap

Lávate las manos con **jabón**.
Wash your hands with **soap**.

jamón
ham

Hemos comprado un **jamón**.
We have bought a **ham**.

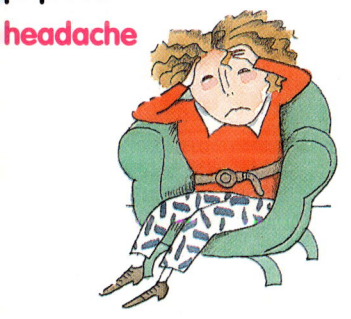

jaqueca
headache

Mi madre tiene **jaqueca**.
My mother has a **headache**.

jarabe
syrup

No me gusta el **jarabe**.
I do not like **syrup**.

jardín
garden

¡Qué **jardín** tan bonito!
What a pretty **garden**!

jarrón
vase

¡Rompiste el **jarrón**!
You cracked the **vase**!

jaula
cage

El periquito vive en la **jaula**.
The parakeet lives in the **cage**.

jazmín
jasmine

¡Que bien huele el **jazmín**!
The **jasmine** has a nice smell.

jersey jumper

Me gusta este **jersey**.
I like this **jumper**.

jinete rider

Eres un buen **jinete**.
You are a good **rider**.

jirafa giraffe

La **jirafa** tiene un cuello largo.
The **giraffe** has a long neck.

joyero jewel box

Me regalaron un **joyero**.
They gave me a **jewel box**.

judía
bean

No me gustan las **judías**.
I do not like **beans.**

jugar
to play

Estamos **jugando** a las canicas.
We are **playing** marbles.

jungla
jungle

Los animales viven en la **jungla**.
Animals live in the **jungle.**

juguete
toy

tambor drum

marioneta
puppet

pajarito
little bird

yo-yo
yo-yo

camión lorry

comba
skipping rope

casa de muñecas
doll house

peonza
spinning top

muñeca doll

tren train

cubo bucket

oso
bear

patines
skates

pelota
ball

coche de muñecas
doll's pram

canicas
marbles

teléfono
telephone

aro
hoop

Me gustan todos mis **juguetes**.
I like all my **toys.**

64

k K

ka

kárate
karate

Me gusta el **kárate**.
I like **karate**.

kilo
kilo

Compro un **kilo** de tomates.
I buy a **kilo** of tomatoes.

kilómetro
kilometer

Faltan cinco **kilómetros** para llegar.
Still five **kilometers** left.

kiosco **newsstand**

Los periódicos se venden en el **kiosco**.
Newspapers are sold at the **newsstand**.

kiwi
kiwi

Los **kiwis** tienen un pico largo.
Kiwis have a long beak.

koala
koala

Los **koalas** viven en Australia.
Koalas live in Australia.

l L

ele

laberinto **labyrinth**

¿Cómo salgo del **laberinto**?
How can I get out from the **labyrinth**?

labio
lip

¿Te pintas los **labios**?
Do you paint your **lips**?

65

laboratorio
laboratory

Mi padre trabaja en su **laboratorio**.
My father works in his **laboratory**.

labrador, - a
farmer

David es **labrador**.
David is a **farmer**.

lado
side

Los triángulos tienen tres **lados**.
Triangles have three **sides**.

ladrar
to bark

El perro **ladra**.
The dog **barks**.

ladrillo
brick

Hacemos las casas con **ladrillos**.
We make houses with **bricks**.

ladrón, - es thief, thieves

El **ladrón** escapa por la ventana.
The **thief** escapes through the window.

lagartija lizard

La **lagartija** sube por las paredes.
The **lizard** goes up the walls.

lago lake

El barco cruzó el **lago**.
The boat crossed the **lake**.

lágrima
tear

¡Límpiate las **lágrimas**!
Wipe your **tears**!

lámpara lamp

La **lámpara** está encendida.
The **lamp** is on.

lana
wool

Este jersey es de **lana**.
This jumper is made of **wool**.

lapicero pencil

¿Me prestas un **lapicero**?
Can I borrow your **pencil**?

avar
to wash

Me **lavo** la cara.
I **wash** my face.

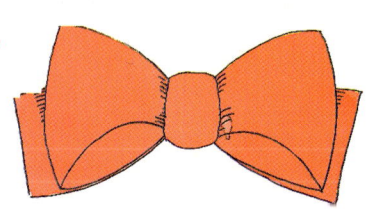

lazo
bow

¡Qué **lazo** tan bonito!
What a pretty **bow!**

leche
milk

La **leche** tiene mucho calcio.
Milk has a lot of calcium.

lechuza
owl

Las **lechuzas** viven en el bosque.
Owls live in the forest.

leer
to read

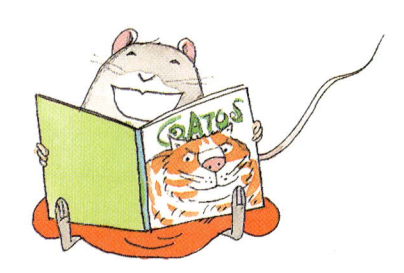

Leer es muy divertido.
Reading is very amusing.

lejos
far

El barco está **lejos**.
The ship is **far** away.

lengua
tongue

¡No saques la **lengua**!
Do not stick your **tongue** out!

lenteja
lentil

Las **lentejas** tienen mucho hierro.
Lentils have a lot of iron.

león
lion

El **león** tiene una enorme melena.
The **lion** has a huge mane.

levantarse   **to get up**

Benito se **levanta** de la cama.
Benito **gets up** from bed.

librería   **bookstore**

Compro libros en la **librería**.
I buy books at the **bookstore**.

libro   **book**

Estoy leyendo un **libro**.
I am reading a **book**.

licor
spirit

¿Cuánto **licor** has bebido?
How much **spirit** have you drunk?

limpiar (los zapatos)
to polish

Me **limpio** los zapatos.
I **polish** my shoes.

línea
line

Estas son **líneas**.
These are **lines**.

linterna
torch

¿Me prestas tu **linterna**?
Can I borrow your **torch**?

llama
llama

En Perú hay muchas **llamas**.
There are many **llamas** in Peru.

llamar   to call

¿Me has **llamado**?
Have you **called** me?

llanto
crying

No podemos parar su **llanto**.
We cannot stop his **crying**.

llanura
plain

Mi casa está en la **llanura**.
My house is on the **plain**.

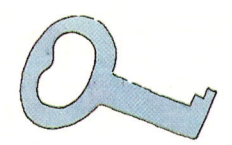

llave
key

Cierro la puerta con la **llave**.
I lock the door with the **key**.

llavero
key ring

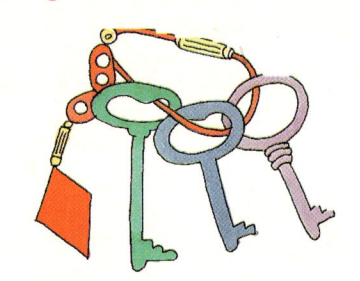

Las llaves están en el **llavero**.
The keys are in the **key ring**.

llegar
to arrive

El tren ha **llegado**.
The train has **arrived**.

lleno
full

Tu vaso está **lleno**.
Your glass is **full**.

llevarse　　　　to take away

Llévate tus zapatos.
Take your shoes **away**.

llorar
to weep, to cry

La cebolla me hace **llorar**.
Onions make me **weep**.

llorón
crybaby

Es un **llorón**.
He is a **crybaby**.

lluvia
rain

La **lluvia** riega los campos.
The **rain** waters the fields.

llover
to rain

¡No para de **llover**!
It does not stop **raining**!

lobo

wolf

Los **lobos** aúllan.
Wolves howl.

loro

parrot

Tengo un **loro** muy charlatán.
I have a chattering **parrot**.

luciérnaga glow-worm

Las **luciérnagas** alumbran el campo.
Glow-worms light the field.

luna

moon

Le gusta hablar con la **luna**.
He likes talking with the **moon**.

lunar

mole

Tengo un **lunar** en la cara.
I have a **mole** on my face.

lupa magnifying glass

Tengo una **lupa**.
I have a **magnifying glass**.

luz

light

¿Qué tipo de **luz** prefieres?
What kind of **light** do you prefer?

M m

eme

maceta pot

Tengo muchas **macetas**.
I have a lot of **pots**.

70

madera
wood

Esta silla es de **madera**.
This chair is made of **wood**.

madre
mother

Tu **madre** es muy guapa.
Your **mother** is very pretty.

maestro, - a   teacher

Mi **maestra** explica con claridad.
My **teacher** explains clearly.

mago, - a
magician

¡Qué **mago** tan divertido!
What a funny **magician!**

maíz
corn

El **maíz** es un importante cereal.
Corn is an important cereal.

maleta
suitcase

Las **maletas** están preparadas.
The **suitcases** are ready.

mancha   spot

¡Qué **mancha** tan grande!
What a big **spot!**

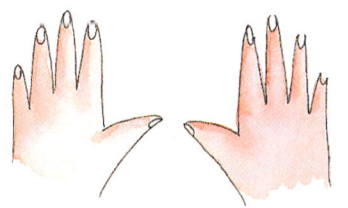

mano
hand

Tenemos dos **manos**.
We have two **hands.**

manopla   mitten

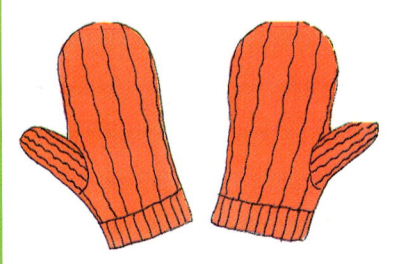

Tus **manoplas** son rojas.
Your **mittens** are red.

mantel
tablecloth

Pongo el **mantel**.
*I lay the **tablecloth**.*

mantequilla
butter

Tomo pan con **mantequilla** para desayunar.
*I have bread and **butter** for breakfast.*

manzana
apple

Me gustan las **manzanas** dulces.
*I like sweet **apples**.*

mañana
tomorrow

Hoy es lunes, **mañana** será martes.
*Today it is Monday, **tomorrow** it will be Tuesday.*

maqueta
model

Mi abuelo hace **maquetas**.
*Grandfather makes **models**.*

maquillar — *to make up*

Los payasos usan **maquillaje**.
*Clowns use **make up**.*

mar
sea

Iremos al **mar** de vacaciones.
*We are going to the **sea** on holiday.*

marchar
to leave

¡Adiós! ¡Me **marcho**!
*Goodbye! I am **leaving**!*

marearse
to be sick

¡Estoy **mareado**!
*I **am sick**!*

marinero, - a — *sailor*

He visto tres **marineros**.
*I have seen three **sailors**.*

marioneta
puppet

Tengo una **marioneta**.
*I have a **puppet**.*

mariposa
butterfly

¡No caces **mariposas**!
*Do not catch **butterflies**!*

mariquita
ladybird

Las **mariquitas** viven entre las flores.
Ladybirds live among the flowers.

martillo
hammer

Con el **martillo** clavamos clavos.
With the **hammer** we knock in nails.

masticar
to chew

¡**Mastica** con la boca cerrada!
Chew with your mouth closed!

mayor oldest

Soy el **mayor**.
I am the **oldest**.

mayúscula
capital letter

Sé escribir letras **mayúsculas**.
I can write **capital letters**.

mecedora
rocking chair

Mi abuela tiene una **mecedora**.
Grandmother has a **rocking chair**.

medalla
medal

He ganado esta **medalla**.
I have won this **medal**.

médico, - a
doctor

Mi tío es **médico**.
My uncle is a **doctor**.

mejillón
mussel

¡Cuántos **mejillones**!
How many **mussels**!

mendigo, - a beggar

El **mendigo** duerme en un banco
The **beggar** sleeps on a bench.

mentir
to lie

Cuando Pinocho **miente**… ¡su nariz crece!
When Pinocho **lies**… his nose grows!

mercado
market

- pescado / fish
- salchichas / sausages
- plátanos / bananas
- uvas / grapes
- manzanas / apples
- fresas / strawberries
- cerezas / cherries
- peras / pears
- limones / lemons
- naranjas / oranges
- zanahorias / carrots
- cebollas / onions
- patatas / potatoes
- lechuga / lettuce
- tomates / tomatoes
- piña / pineapple
- judías verdes / green beans
- coliflor / cauliflower
- calabaza / pumpkin
- carro de la compra / shopping bag
- descargador / porter
- saco / sack
- carretilla / wheelbarrow

Voy con mamá al **mercado**.
I go to the **market** with mum.

74

merengue
meringue

¡Ayúdame a hacer **merengue**!
*Help me to make **meringue**.*

mes
month

Un año tiene doce **meses**.
*A year has twelve **months**.*

meta *finishing line*

La tortuga llegó primera a la **meta**.
*The turtle arrived the first at the **finishing line**.*

meter *to put into*

Meto mis libros en la cartera.
*I **put** my books **into** the satchel.*

miel
honey

A los osos les gusta la **miel**.
*Bears like **honey**.*

minuto
minute

Un **minuto** tiene sesenta segundos.
*A minute has **sixty** seconds.*

mitad
half

¡Se ha comido la **mitad** de la tarta!
*He has eaten **half** the cake!*

moflete
cheek

Cuando río, los **mofletes** se me mueven.
*When I laugh my **cheeks** move.*

mono, - a
monkey

Los **monos** son graciosos.
***Monkeys** are funny.*

morder
to bite

Ese perro me ha **mordido** el pantalón.
*That dog has **bitten** my trousers.*

muebles
furniture

sillón
armchair

silla
chair

reloj clock

cama
bed

lámpara
table lamp

banqueta
stool

mesa
table

armario wardrobe

sofá sofa

estantería shelf

espejo mirror

Los **muebles** decoran las casas.
Furniture decorate houses.

muela, -s
tooth, teeth

¡Me duelen las **muelas**!
I have a **tooth**ache!

música
music

Me gusta escuchar **música**.
I like listening to **music**.

N n

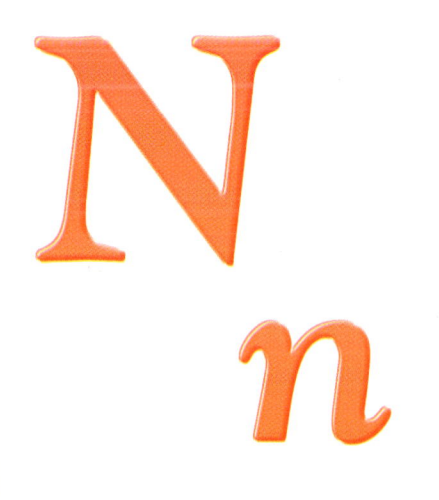

ene

nabo
turnip

¿Cuántos **nabos** quiere?
How many **turnips** do you want?

nada nothing

No hay **nada** en la cesta.
There is **nothing** in the basket.

nadar
to swim

Sé **nadar** muy bien.
I can **swim** very well.

nadie
nobody

Nadie come peras.
Nobody eats pears.

nana lullaby

La niñera canta una **nana**.
The nurse sings a **lullaby**.

naranja
orange

Me gusta el zumo de **naranja**.
I like **orange** juice.

nariz
nose

Su **nariz** es larga.
His **nose** is long.

nata
cream

Estoy batiendo **nata**.
I am whipping **cream**.

natilla custard

Cocinas muy bien las **natillas**.
You cook **custard** very well.

náufrago, - a shipwrecked sailor

Hay un **náufrago** en esa isla.
There is a **shipwrecked sailor** in that island.

77

nenúfar
water lily

En el estanque flotan los **nenúfares**.
Water lilies float on the pond.

neumático
tyre

El **neumático** se ha pinchado.
The **tyre** is flat.

nevar **to snow**

En invierno **nieva** mucho.
In winter it **snows** heavily.

nevera
fridge

La **nevera** está abierta.
The **fridge** is open.

nido
nest

Hay dos pájaros en el **nido**.
There are two birds in the **nest**.

niebla **fog**

Casi nos chocamos por culpa de la **niebla**.
We nearly crash because of the **fog**.

niños, - as **children**

Los **niños** están saltando.
Children are jumping.

noche
night

La **noche** está estrellada.
The **night** is starry.

noria
big wheel

Me divierto montando en la **noria**.
I enjoy riding on the **big wheel**.

noticiario
news

Mi padre ve siempre el **noticiario**.
My father always watches the **news**.

nube
cloud

Las **nubes** flotan en el cielo.
Clouds float in the sky.

nuca
nape

Aquí está mi **nuca**.
Here is my **nape**.

nudo
knot

Sé hacer **nudos**.
I can make **knots**.

nuez
nut

Las ardillas comen **nueces**.
Squirrels eat **nuts**.

número　　　number

He aprendido muchos **números**.
I have learnt a lot of **numbers**.

nutria
otter

Las **nutrias** viven en los ríos.
Otters live in the rivers.

Ñ ñ

eñe

ñandú
rhea

El **ñandú** corre deprisa.
The **rhea** runs speedy.

ñoño, - a
fussy

Este niño es muy **ñoño**.
This boy is very **fussy**.

ñora　　　hotpepper

La **ñora** es picante.
The **hotpepper** is spicy.

ñu
gnu

El **ñu** vive en África.
Gnus live in Africa.

O o

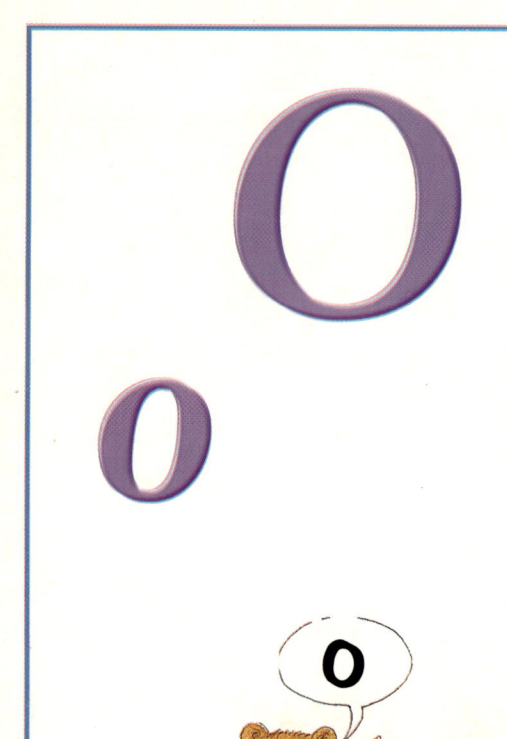

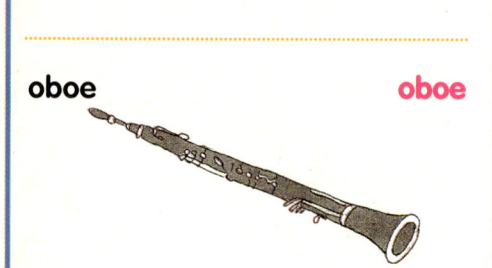

oboe — oboe

Mi hermana toca el **oboe**.
My sister plays the **oboe**.

oca, -s
goose, geese

La **oca** es blanca.
The **goose** is white.

oficio
job

médica — doctor
albañil — bricklayer
bombero — fireman
cantante — singer
maestra — teacher
camarero — waiter
cocinero — cook
guardia — traffic policeman
enfermera — nurse
carpintero — carpenter
pintora — painter
bailarina — dancer
músico — musician
granjero — farmer

¿Cuál es tu **oficio** favorito?
What is your favourite **job**?

oftalmólogo
ophthalmologist

Ayer fui al **oftalmólogo**.
Yesterday I went to the **ophthalmologist**.

ojo
eye

Tus **ojos** son verdes.
Your **eyes** are green.

ola
wave

¡Qué **ola** tan grande!
What a big **wave**!

oler
to smell

Esta flor **huele** muy bien.
This flower **smells** very nice.

ópera
opera

Soy cantante de **ópera**.
I am an **opera** singer.

orca
killer whale

Las **orcas** son animales marinos.
Killer whales are sea animals.

ordenado, - a
tidy

Mi cuarto está **ordenado**.
My room is **tidy**.

ordenador computer

Me han regalado un **ordenador**.
I have been given a **computer**.

ordeñar
to milk

El granjero **ordeña** la vaca.
The farmer **milks** the cow.

oreja ear

¡Nuestras **orejas** son enormes!
Our **ears** are huge!

ornitorrinco platypus

Los **ornitorrincos** viven en Australia.
Platypuses live in Australia.

orquesta orchestra

La **orquesta** interpreta a Mozart.
The **orchestra** performs Mozart.

oso
bear

Los **osos** salieron a pasear.
The **bears** went out for a walk.

oscuro, - a
dark

Este cuarto está **oscuro**.
This room is **dark**.

ostra
oyster

Me gusta comer **ostras**.
I like eating **oysters**.

otoño
autumn

En **otoño** caen las hojas.
Leaves fall down in **autumn**.

oveja
sheep

Cuento **ovejas** para dormirme.
I count **sheeps** to fall asleep.

P p

pe

padre
father

Este es mi **padre**.
This is my **father**.

pagar
to pay

Mi madre **pagó** al fontanero.
My mother **paid** the plumber.

página
page

Este libro tiene 938 **páginas**.
This book has 938 **pages**.

país country

Adoro cada rincón de mi **país**.
I love every place in my **country**.

pajarita bow tie

Me gusta llevar **pajarita**.
I like wearing **bow tie**.

pájaro
bird

¡Cuántos **pájaros**!
How many **birds**!

palabra
word

palabra

Esta frase tiene cinco **palabras**.
This sentence has five **words**.

palacio
palace

Los reyes viven en **palacios**.
Kings live in **palaces**.

pálido, - a
pale

Estás muy **pálido**.
You look very **pale**.

palmera
palm tree

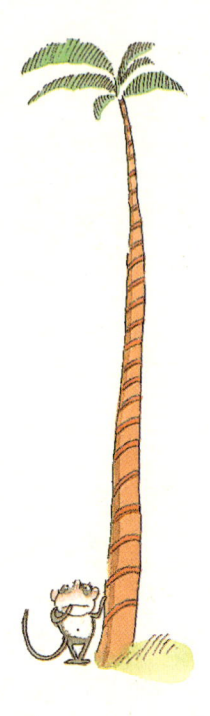

Es una **palmera** muy alta.
It is a very high **palm tree.**

paloma   pigeon

Hay **palomas** en el parque.
There are **pigeons** at the park.

palomitas
pop corn

Me gustan las **palomitas.**
I like **pop corn.**

---

pan
bread

Este **pan** está hecho de trigo.
This **bread** is made of wheat.

panadero   baker

El **panadero** hace pan.
The **baker** makes bread.

pandereta   tambourine

Yo sé tocar la **pandereta.**
I can play the **tambourine.**

pantalón
trousers

Mi **pantalón** está roto.
My **trousers** are broken.

---

pañal
nappy

El bebé usa **pañales.**
The baby wears **nappies.**

pañuelo   handkerchief

Me limpio la nariz con un **pañuelo.**
I wipe my nouse with a **handkerchief.**

papelera   wastebasket

Tiro los papeles a la **papelera.**
I throw the papers into the **wastebasket.**

paquete   parcel

Hay dos **paquetes** en el suelo.
There are two **parcels** on the floor.

paracaidista
parachutist

Soy **paracaidista**.
*I am a **parachutist**.*

parada — *bus stop*

Esperamos en la **parada** del autobús.
*We wait at the **bus stop**.*

paraguas — *umbrella*

Cuando llueve abro el **paraguas**.
*When it rains I open my **umbrella**.*

parar
to stop

La moto se ha **parado**.
*The motorbike has **stopped**.*

parche — *sticking plaster*

Ruth lleva un **parche** en el ojo.
*Ruth has a **sticking plaster** on her eye.*

parque — *park*

Este **parque** tiene muchos árboles.
*This **park** has a lot of trees.*

pasear — *to go for a walk*

Laura **va de paseo** con su perro.
*Laura **goes for a walk** with her dog.*

pasillo
corridor

Es un **pasillo** muy largo.
*It is a very long **corridor**.*

pastor — *shepherd*

El **pastor** cuida las ovejas.
*The **shepherd** looks after the sheeps.*

pata
leg

Las gallinas tienen dos **patas**.
*Hens have two **legs**.*

patinar
to skate

Me gusta **patinar** con mis amigos.
*I like **skating** with my friends.*

patinete
skateboard

Mi primo tiene un **patinete**.
My cousin has a **skateboard**.

pato   duck

Los **patos** nadan en el estanque.
Ducks swim in the **pond**.

peca
freckle

Tengo **pecas** en la cara.
I have **freckles** on my face.

pediatra   paediatrician

El **pediatra** cura a los niños.
The **paediatrician** cures children.

pegar
to hit

¡Este niño me **pega**!
This boy **hits** me!

peinar
to comb

Me gusta **peinarme**.
I like **combing** my hair.

pelear
to fight

Los amigos no se **pelean**.
Friends do not **fight**.

película
film

Me gustan las **películas** del oeste.
I enjoy western **films**.

pelirrojo   red-haired

Este niño es **pelirrojo**.
This boy is **red-haired**.

pelo
hair

Tengo el **pelo** largo.
I have long **hair**.

pelota
ball

¿Quieres jugar a la **pelota**?
Do you want to play with the **ball**?

peluquería   hairdresser's

Mamá está en la **peluquería**.
Mum is at the **hairdresser's**.

pensar   to think

¿Qué estás **pensando**?
What are you **thinking** about?

penúltimo, - a
last but one

El cerdo es el **penúltimo** de la fila.
The pig is the **last but one** in the line.

peonza
spinning top

Mi **peonza** gira y gira.
My **spinning top** turns and turns.

perder
to lose

Ha **perdido** su sombrero.
He has **lost** his hat.

perfume
perfume

El **perfume** huele muy bien.
Perfume has a nice smell.

periódico
newspaper

Leo el **periódico** todos los días.
I read the **newspaper** every day.

perro
dog

¿De qué raza es tu **perro**?
What breed is your **dog**?

pesar
to weigh

No me gusta **pesarme**.
I do not like **weighing** myself.

pescar
to fish

Benito **pescó** un salmón.
Benito **fished** a salmon.

pez
fish

Estos **peces** parecen felices.
These **fishes** look happy.

piano   piano

Tocas el **piano** bastante bien.
You play the **piano** quite well.

pie, -s   foot, feet

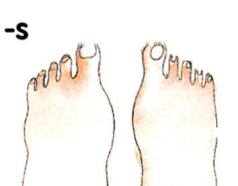

Mis **pies** son pequeños.
My **feet** are small.

pingüino   penguin

Los **pingüinos** viven en el Polo Sur.
Penguins live in the South Pole.

pintar
to paint

Estoy **pintando** de rosa mi habitación.
I am **painting** my room pink.

pipa pipe

Mi abuelo fuma en **pipa**.
My grandfather smokes a **pipe**.

pirata
pirate

El Capitán Garfio es un **pirata**.
Captain Hook is a **pirate**.

pisar
to tread

¡No me **pises**!
Don't **tread** on me!

piscina
swimming pool

Nado en la **piscina**.
I swim in the **swimming pool**.

planta plant

Cuido las **plantas**.
I take care of the **plants**.

plato dish

El **plato** está roto.
The **dish** is broken.

playa beach

En verano voy a la **playa**.
In summer I go to the **beach**.

plaza
square

Hay un reloj en la **plaza**.
There is a clock at the **square**.

poeta poet

Los **poetas** escriben versos.
Poets write verses.

policía policeman

El **policía** detiene a los coches.
The **policeman** stops the cars.

polo
iced lolly

Me gustan los **polos** de fresa.
I like strawberry **iced lollies**.

polución
pollution

En esta ciudad hay mucha **polución.**
There is a lot of **pollution** in this city.

pompa
bubble

Hago **pompas** de jabón.
I make soap **bubbles.**

poner
to set

¿Me ayudas a **poner** la mesa?
Can you help me to **set** the table?

primero
first

El elefante es el **primero** de la fila.
The elephant is the **first** in the line.

profundo
deep

Este pozo es **profundo.**
This pit is **deep.**

puente *bridge*

El **puente** cruza el río.
The **bridge** crosses over the river.

puerta
door

La **puerta** está cerrada.
The **door** is closed.

puerto *harbour*

Los barcos llegaron al **puerto.**
The ships arrived at the **harbour.**

pulpo
octopus

El **pulpo** tiene ocho brazos.
The **octopus** has eight arms.

puma
puma

Los **pumas** son muy veloces.
Pumas are very speedy.

puro *cigar*

Mi vecino fuma **puros.**
My neighbour smokes **cigars.**

puzzle
puzzle

¡Haces los **puzzles** muy bien.
You make **puzzles** quite well.

Q q

quebrantahuesos
osprey

El **quebrantahuesos** es un ave.
The **osprey** is a bird.

quejarse
to complain

Siempre te estás **quejando**.
You are always **complaining**.

quemar
to burn

Me he **quemado** con la plancha.
I have **burned** myself with the iron.

querer
to love

¡Te **quiero**, madrina!
I **love** you, godmother!

queso
cheese

A los ratones les gusta el **queso**.
Mice like **cheese**.

quieto, - a
still

El perro se queda **quieto**.
The dog stands **still**.

quinteto
quintet

Formamos un **quinteto**.
We make a **quintet**.

quirófano — *operating theatre*

Operan en el **quirófano**.
They operate at the **operating theatre**.

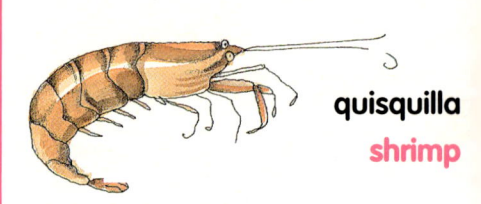

quisquilla
shrimp

Flora pesca **quisquillas**.
Flora catches **shrimps**.

quitanieves — *snowplough*

La máquina **quitanieves** limpia la carretera.
The **snowplough** clears the road.

R r

erre

rábano
radish

He comprado **rábanos**.
I have bought **radishes**.

rabieta
tantrum

Carmen coge una **rabieta**.
Carmen gets in a **tantrum**.

racimo
bunch

Este **racimo** de uvas es grande.
This **bunch** of grapes is big.

radar
radar

Los aviones tienen **radar**.
Planes have **radar**.

radio
radio

Oigo la **radio**.
I listen to the **radio**.

radiografía   x-ray photograph

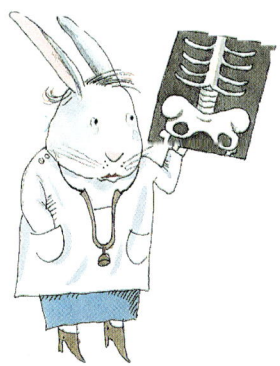

Me han hecho una **radiografía**.
I have had a **x-ray photograph** taken.

rallar
to grate

Estoy **rallando** el pan.
I am **grating** bread.

rama   branch

Hay un nido en esa **rama**.
There is a nest on that **branch**.

ramillete
bouquet

Este **ramillete** es bonito!
This **bouquet** is nice to look at.

rana
frog

La **rana** croa.
The **frog** croaks.

raqueta
racket

Juego al tenis con una **raqueta**.
I play tennis with a **racket**.

rascacielos
skyscraper

Los **rascacielos** tienen muchos pisos.
Skyscrapers have a lot of floors.

ratón
mouse

El **ratón** come queso.
The **mouse** eats cheese.

rayo lightning

Un **rayo** lució en el cielo.
A **lightning** flashed on the sky.

raza
race

Hay cuatro **razas** humanas:
There are four human **races**.

rebaño flock

El pastor cuida de su **rebaño**.
The shepherd looks after his **flock**.

rebuznar to bray

El burro **rebuznó**.
The donkey **brayed**.

recoger
to pick up

Estoy **recogiendo** uvas.
I am **picking up** grapes.

recortar
to cut out

Me gusta **recortar** papel.
I like **cutting out** paper.

rectángulo rectangle

Esta figura es un **rectángulo**.
This shape is a **rectangle**.

red
net

La **red** está llena de peces.
The **net** is full of fishes.

refresco
cold drink

Quiero un **refresco**.
I want a **cold drink**.

regalo
present

Este **regalo** es para mí.
This **present** is for me.

regar
to water

Riego las plantas.
I **water** the plants.

reloj
clock

El **reloj** marca las horas.
The **clock** shows the time.

reno
reindeer

Los **renos** tienen grandes cuernos.
Reindeers have big horns.

retrete
toilet

¿Puedo ir al **retrete**, por favor?
May I go to the **toilet**, please?

revés (del)   inside out

Te has puesto el jersey **del revés**.
You wear the jumper **inside out**.

revista   magazine

Compro **revistas** en el kiosco.
I buy **magazines** at the newsstand.

rey
king

El **rey** se sienta en su trono.
The **king** sits on his throne.

rico
rich

Es un hombre **rico**.
He is a **rich** man.

río
river

Nado en el **río**.
I swim in the **river**.

risa
laugh

Tienes una **risa** contagiosa.
You have a catching **laugh**.

93

robot
robot

¿Juegas con mi **robot**?
Do you want to play with my **robot**?

rodilla
knee

Tienes una herida en la **rodilla**.
You have a wound on your **knee**.

roncar **to snore**

Mi padre **ronca** toda la noche.
My father **snores** all the night.

ropa
clothes

vestido dress
calcetines socks
pantalones trousers
guantes gloves
blusa blouse
manoplas mittens
impermeable raincoat
abrigo coat
sombrero hat
botas boots
corbata tie
zapatos shoes
camisa shirt
falda skirt
bufanda scarf
jersey jumper
chaqueta jacket

Esta **ropa** es nueva.
These **clothes** are new.

roto, - a **broken**

El pantalón está **roto**.
The trousers are **broken**.

rulo **hair-curler**

Mi madre se pone **rulos**.
My mother uses **hair-curlers**.

94

S s

"ese"

sábana — sheet

Las **sábanas** de mi cama son azules.
My bed **sheets** are blue.

sabor
taste

Hay **sabores** distintos.
There are different **tastes**.

sacar
to take out

Saco los libros de la cartera.
I **take** the books **out** of the satchel.

saco
sack

Este **saco** pesa mucho.
This **sack** is heavy.

salchicha
sausage

Me encantan las **salchichas**.
I like **sausages**.

sal
salt

¿Me pasas la **sal**, por favor?
Would you please pass the **salt?**

salir
to get out

¡**Sal** de ahí!
Get out!

saltamontes — grasshopper

Mi **saltamontes** se escapó!
My **grasshopper** ran away!

saltar a la comba
to skip

Me gusta **saltar** a la comba.
I like **skipping**.

saludar
to greet

Se **saludan** cuando se ven.
They **greet** each other when they meet.

sandalia
sandal

Tus **sandalias** son azules.
Your **sandals** are blue.

sandía
watermelon

¿Quieres **sandía**?
Do you want some **watermelon**?

sarampión
measles

Mi hermano tiene **sarampión**.
My brother has got **measles**.

sartén
pan

Frío unos huevos en la **sartén**.
I fry some eggs on the **pan**.

sastre
tailor

El **sastre** hace trajes.
The **tailor** makes suits.

sauce   willow

Hay un **sauce** junto al río.
There is a **willow** beside the river.

secar
to dry

Me estoy **secando** el pelo.
I am **drying** my hair.

secreto   secret

Te voy a contar un **secreto**.
I am going to tell you a **secret**.

sediento
thirsty

¡Estoy **sediento**!
I am **thirsty**!

sello   stamp

Mi abuelo colecciona **sellos**.
My grandfather collects **stamps**.

semáforo
traffic light

El **semáforo** está en verde.
The **traffic light** is green.

semana
week

La **semana** tiene siete días.
The **week** has seven days.

serrucho
handsaw

El carpintero utiliza un **serrucho**.
The carpenter uses a **handsaw**.

servilleta
napkin

Siempre utilizo una **servilleta**.
I always uses a **napkin**.

silbar
to whistle

Sé **silbar** muy bien.
I can **whistle** very well.

silencio   *silence*

¡**Silencio**! El niño está durmiendo.
Silence! The baby is sleeping.

silla
chair

Esta **silla** es demasiado alta.
This **chair** is too high.

sirena
mermaid

Las **sirenas** viven en el mar.
Mermaids live in the sea.

sol
sun

¡Cuidado! El **sol** quema.
Take care! The **sun** burns!

soldado
soldier

Los **soldados** desfilan.
The **soldiers** march.

sombrero
hat

Irene lleva **sombrero**.
Irene wears a **hat**.

sopa
soup

La **sopa** está caliente.
The **soup** is hot.

sortija
ring

¡Qué **sortija** tan bonita!
What a pretty **ring!**

suave
smooth

Mi osito de peluche es **suave**.
My teddy bear is **smooth.**

subir
to go up

Subo las escaleras.
I **go up** the stairs.

submarino
submarine

¿Quién inventó el **submarino**?
Who invented the **submarine?**

suela
sole

Tiene un agujero en la **suela**.
It has a hole in its **sole.**

suelo
floor

¡No tires papeles al **suelo**!
Do not throw papers to the **floor!**

sumar to add

Ya sé **sumar**.
I can **add.**

susto
fright

¡Qué **susto**!
What a **fright!**

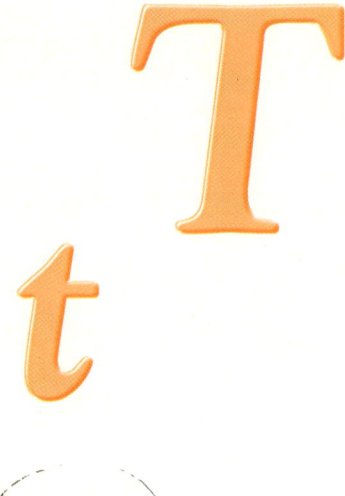

T t

te

tambor drum

Tocas el **tambor** muy bien.
You play the **drum** very well.

tapar to hide

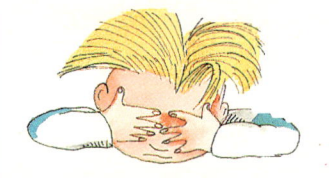

Bruno se **tapa** la cara.
Bruno **hides** his face.

tarde
late

La novia llega **tarde**.
The bride is **late**.

tarta
cake

¿Te gusta mi **tarta** de cumpleaños?
Do you like my birthday **cake?**

taxi
taxi

¡Qué difícil es coger un **taxi**!
How difficult is to take a **taxi**!

taza
cup

¿Te apetece una **taza** de café?
Do you want a **cup** of coffee?

teatro
theatre

Mis padres fueron al **teatro**.
My parents went to the **theatre**.

tebeo comic

Me divierte leer **tebeos**.
I enjoy reading **comics**.

tejado
roof

Hay un gato en el **tejado**.
There is a cat on the **roof**.

teleférico
cable car

Me da miedo el **teleférico**.
I am afraid of the **cable car**.

teléfono
telephone

Este es un **teléfono** antiguo.
This is an old **telephone**.

televisor
TV set

Este **televisor** está estropeado.
This **TV set** is out of order.

tenazas
pliers

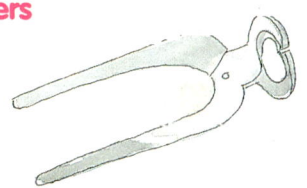

Estas **tenazas** son grandes.
This pair of **pliers** is big.

tenis
tennis

Mi padre sabe jugar al **tenis**.
My father can play **tennis**.

terminar
to finish

La película ha **terminado**.
The film has **finished**.

99

termómetro
thermometer

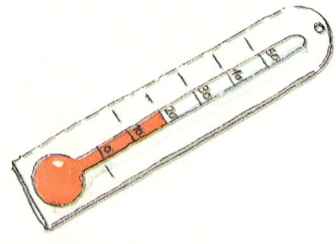

El **termómetro** mide la temperatura.
The **thermometer** measures the temperature.

terraza
terrace

Tengo flores en la **terraza**.
I have got some flowers at my **terrace**.

tesoro
treasure

Los piratas encontraron un **tesoro**.
The pirates found a **treasure**.

tiburón shark

Los **tiburones** son peligrosos.
Sharks are dangerous.

tijera
scissors

Las **tijeras** sirven para cortar.
Scissors are used for cutting.

timón
rudder

El capitán está al **timón**.
The captain is at the **rudder**.

tiovivo merry go round

¡Qué divertido es montar en el **tiovivo**!
It is funny riding on the **merry go round**!

títere (teatro de) puppet show

Esto es un **teatro de títeres**.
This is a **puppet show**.

tobogán
slide

Me gusta deslizarme por el **tobogán**.
I enjoy sliding down the **slide**.

tocar
to touch

¡No me **toques** la trenza!
Do not **touch** my plait!

tomate
tomatoe

En verano como **tomates**.
I eat **tomatoes** in summer.

topo
mole

Los **topos** viven bajo tierra.
Moles live under the ground.

tortuga
turtle

Las **tortugas** andan muy despacio.
Turtles walk very slowly.

toser *to cough*

Daniel **tose**.
Daniel is coughing.

transporte
transport

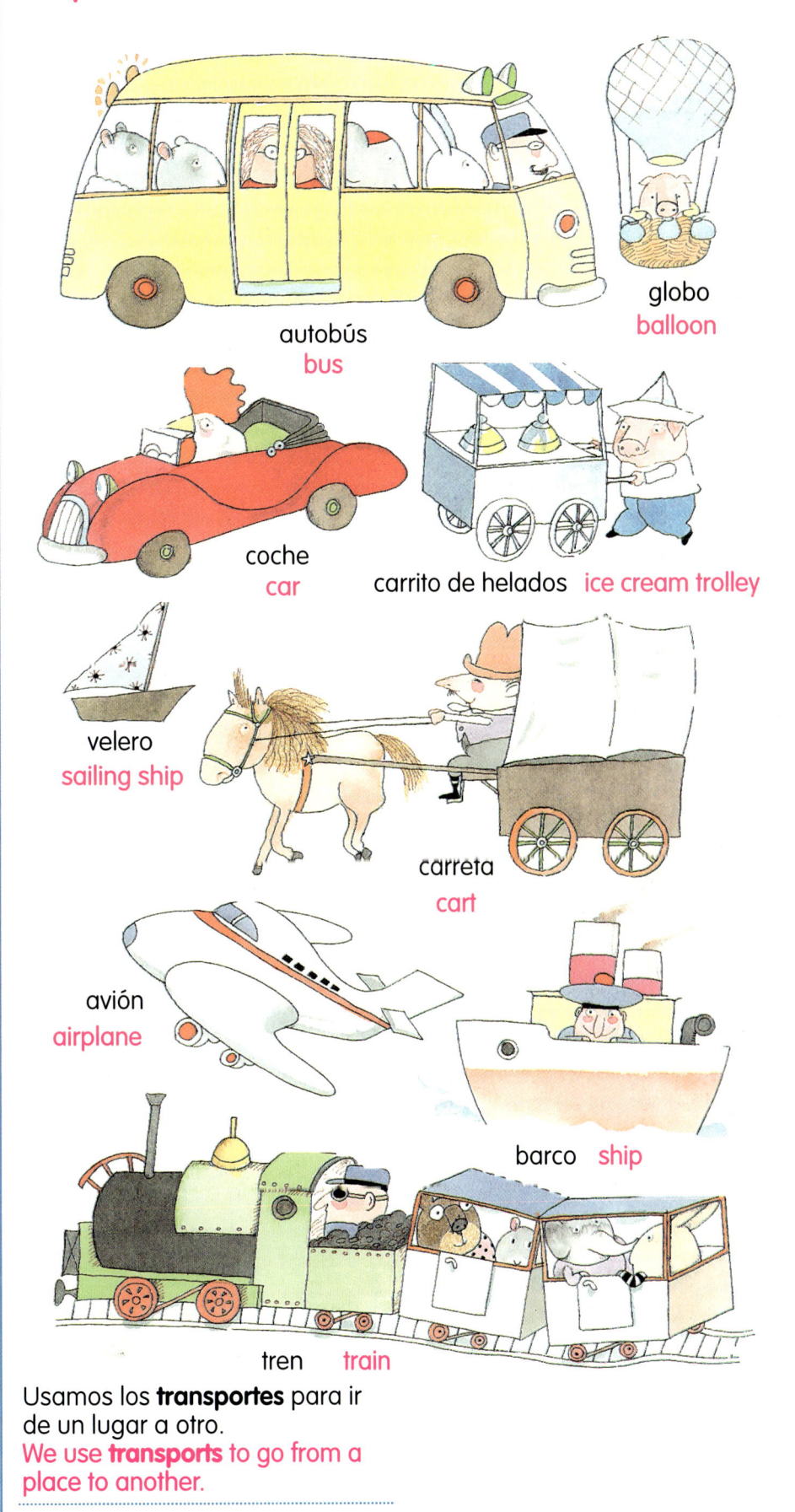

autobús
bus

globo
balloon

coche
car

carrito de helados *ice cream trolley*

velero
sailing ship

carreta
cart

avión
airplane

barco *ship*

tren *train*

Usamos los **transportes** para ir de un lugar a otro.
*We use **transports** to go from a place to another.*

101

tren
train

Boris viaja en **tren**.
Boris travels by train.

trenza
plait

¿Te gustan mis **trenzas**?
Do you like my plaits?

trompa *trunk*

El elefante me regó con su **trompa**.
The elephant watered me with his trunk.

trompeta *trumpet*

¿Sabes tocar la **trompeta**?
Can you play the trumpet?

tropezar
to stumble

El camarero **tropezó**.
The waiter stumbled.

tulipán
tulip

Holanda exporta muchos **tulipanes**.
Holland exports a lot of tulips.

tuna
«tuna»

La **tuna** me cantó una canción.
The «tuna» sang me a song.

turrón *nougat*

En Navidad como **turrón**.
I eat nougat at Christmas.

U u

u

último, - a
last

Flora es la **última**.
Flora is the last.

uniforme *school uniform*

Este es nuestro **uniforme**.
This is our school uniform.

untar
to spread

¿Me **untas** mantequilla en el pan?
Will you please **spread** some butter on my bread?

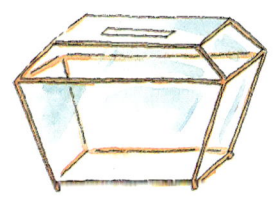

urna
ballotbox

La **urna** está vacía.
The **ballotbox** is empty.

urraca
magpie

A las **urracas** les encantan las cosas brillantes.
Magpies like shiny things.

uva
grape

El vino se elabora con **uvas**.
Wine is made of **grapes**.

V v

uve

vaca
cow

Las **vacas** mugen.
Cows moo.

vago, - a   **lazy**

¡Eres un **vago**!
You are **lazy**!

vajilla
crockery

Esta **vajilla** era de mi abuela.
This **crockery** was gradmother's.

valla
fence

Es una **valla** de madera.
This is a wooden **fence**.

vampiro, - a
vampire

No me asustan los **vampiros**.
I am not afraid of **vampires**.

vaso
glass

Bebo un **vaso** de agua.
I drink a **glass** of water.

103

vecino
neighbour

Mi **vecino** es músico.
My **neighbour** is a musician.

vela
candle

La **vela** está encendida.
The **candle** is lighted.

veleta
vane

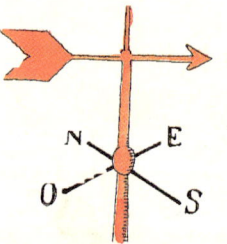

La **veleta** señala la dirección del viento.
The **vane** points out the wind direction.

velocípedo
velocipede

Mi bisabuelo tenía un **velocípedo**.
My great-grandfather had a **velocipede**.

vendar
to bandage

Tengo el dedo **vendado**.
I have a **bandaged** finger.

vender to sell

El hortelano **vende** melocotones.
The farmer **sells** peaches.

ventana window

Me asomo a la **ventana**.
I lean out of the **window**.

ventilador
fan

¡Enciende el **ventilador**!
Turn on the **fan**!

verderón
greenfinch

El **verderón** es un pájaro cantor.
The **greenfinch** is a songbird.

verruga wart

La bruja tiene una **verruga** en la nariz.
The witch has a **wart** on her nose.

veterinario, - a vet

El **veterinario** cura a los animales enfermos.
The **vet** looks after sick animals.

viaje trip

Nos vamos de **viaje**.
We go on a **trip**.

vid
grapevine

Las **vides** dan uvas.
Grapevines give grapes.

viejo, - a
old

Éste pantalón está **viejo.**
These trousers are **old.**

vino
wine

El **vino** está en la bodega.
The **wine** is in the cellar.

violín
violin

El **violín** es un instrumento de cuerda.
The **violin** is a stringed instrument.

volante
wheel

El conductor va al **volante.**
The driver is at the **wheel.**

volar
to fly

¡Me gusta **volar!**
I like to **fly!**

volcán
volcano

Los **volcanes** son peligrosos.
Volcanoes are dangerous.

voto
vote

Deposité mi **voto** en la urna.
I put my **vote** into the ballotbox.

W
w

uve doble

walki-talki   walkie-talkie

Carmen y Daniel hablan por medio de un **walki-talki.**
Carmen and Daniel talk by a **walkie-talkie.**

waterpolo
water polo

Ayer vi un partido de **waterpolo**.
*Yesterday I watched a **water polo** match.*

whisky
whisky

El **whisky** es una bebida escocesa.
***Whisky** is a Scottish drink.*

windsurf (hacer)
to windsurf

Mi primo **hace windsurf**.
*My cousin **windsurfs**.*

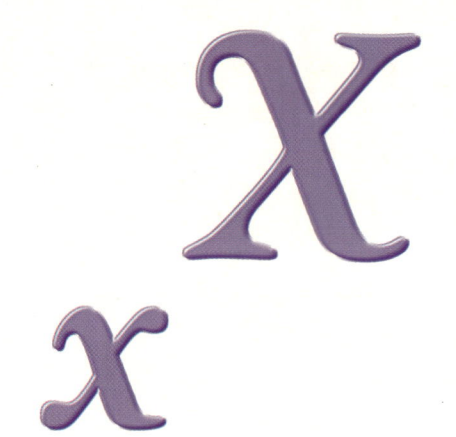

X x

equis (x)

xilófago - a   *xylophagous*

Las termitas son **xilófagas** porque comen madera.
*Termites are **xylophagous** because they eat wood.*

xilófono   *xylophone*

Toco el **xilófono** en el colegio.
*I play **xylophone** at school.*

xilografía
xilography

La **xilografía** es el arte de grabar sobre madera.
***Xilography** is the art of engraving wood.*

Y y

y griega

ya   *already*

Ya son las cinco.
*It is **already** five o'clock.*

yacaré
cayman

El **yacaré** es un reptil.
The **cayman** is a reptile.

yacer										to lie

El gato **yace** sobre la alfombra.
The cat **lies** on the carpet.

yacimiento
field

¡Mira, un **yacimiento** de carbón!
Look, a coal **field**!

yak										yak

El **yak** tiene el pelo largo.
The **yak** has long hair.

yate
yacht

Mi tío tiene un **yate**.
My uncle has a **yacht**.

yegua
mare

Esta **yegua** es muy dócil.
This **mare** is very docile.

yelmo									helmet

Este **yelmo** es mío.
This **helmet** is mine.

yema
yolk

La **yema** del huevo es amarilla.
The egg **yolk** is yellow.

yen
yen

El **yen** es la moneda de Japón.
The **yen** is the Japanese currency unit.

yerno									son-in-law

El marido de mi hija es mi **yerno**.
My daughter's husband is my **son-in-law**.

yeso									plaster

Este saco contiene **yeso**.
This sack contains **plaster**.

yo
I

Yo soy Ana.
I am Ana.

yodo
iodine

Me curaron la herida con **yodo**.
My wound was treated with **iodine**.

yoga
yoga

Mi madre practica **yoga**.
My mother practises **yoga**.

yogur
yoghurt

Tomo un **yogur** todos los días.
I have a **yoghurt** every day.

yoyó
yo-yo

Mi **yoyó** sube y baja.
My **yo-yo** is going up and down.

yudo
judo

Mi hermano es cinturón negro de **yudo**.
My brother is black belt in **judo**.

yugo yoke

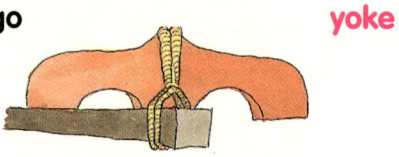

Pongo el **yugo** a las mulas.
I put the **yoke** on the mules.

yunque anvil

El herrero tiene un **yunque**.
The smith has an **anvil**.

yute jute

Esta cuerda es de **yute**.
This rope is made of **jute**.

Zz

zeta

La última letra del abecedario.
The last letter in the alphabet.

zafiro sapphire

El **zafiro** es azul.
The **sapphire** is blue.

zambullir to plunge

Me encanta **zambullirme** en el agua.
I like **plunging** into the water.

zanahoria
carrot

El conejo come **zanahorias**.
The rabbit eats **carrots**.

zancadilla (poner la)
to trip up

¿Por qué me has **puesto** la **zancadilla**?
Why did you **trip** me **up**?

zángano
drone

El **zángano** es una abeja macho.
The **drone** is a male honey-bee.

zanja
ditch

Esta **zanja** es muy profunda.
This **ditch** is very deep.

zapatero, - a
shoemaker

El **zapatero** arregla zapatos.
The **shoemaker** repairs shoes.

zapatilla de baile   pump

¿Te gustan mis **zapatillas**?
Do you like my **pumps**?

zar
tsar

El **zar** es el emperador de Rusia.
The **tsar** is the Russian emperor.

zarigüeya
opossum

La **zarigüeya** vive en América.
Opossums live in America.

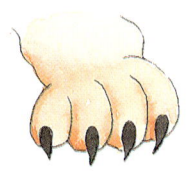

zarpa
paw

La **zarpa** del león es peligrosa.
The lion's **paw** is dangerous.

zarpar   to weigh anchor

El buque **zarpó** a las seis.
The ship **weighed anchor** at six o'clock.

zarza   bramble

Las **zarzas** tienen pinchos.
Brambles have prickles.

zepelín
zeppelin

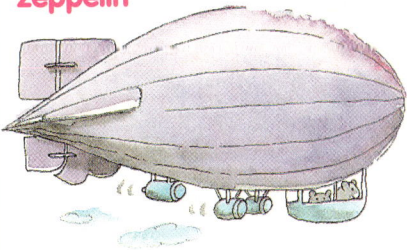

Un **zepelín** es un viejo dirigible.
A **zeppelin** is an old airship.

zoo
zoo

Hay muchos animales en el **zoo**.
There are a lot of animals at the **zoo.**

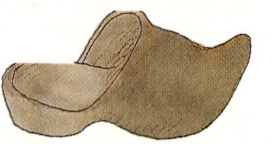

zorro   **fox**

El **zorro** es un animal muy astuto.
The **fox** is a cunning animal.

zueco   **clog**

Se usan **zuecos** en regiones húmedas.
People use **clogs** in wet countries.

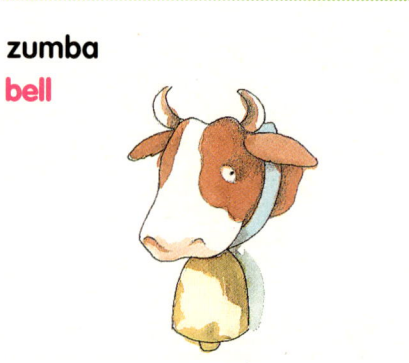

zumba   **bell**

El buey lleva una **zumba.**
The ox has a **bell.**

zumo   **juice**

¡Un **zumo** de limón, por favor!
A lemon **juice,** please!

zurcir   **to mend**

¿Me **zurces** el pantalón?
Can you **mend** my trousers?

zurdo   **left-handed**

Yo soy **zurdo.**
I am **left-handed.**

Acciones
Actions

estar de pie — to stand up

sentarse — to sit down

patinar — to skate

dormir — to sleep

saltar — to jump

caminar — to walk

correr — to run

comer — to eat

beber — to drink

escribir — to write

leer — to read

reír — to laugh

llorar — to cry

volar — to fly

descansar — to rest

tocar la trompeta — to play the trumpet

empujar — to push

bailar — to dance

nadar — to swim

tirar — to pull

111

PRONOMBRES PERSONALES

yo	I	ello	it
tú	you	nosotros, -as	we
él	he	vosotros, -as	you
ella	she	ellos, -as	they

NÚMEROS

1	uno	one		21	veintiuno	twenty one
2	dos	two		22	veintidós	twenty two
3	tres	three		30	treinta	thirty
4	cuatro	four		40	cuarenta	forty
5	cinco	five		50	cincuenta	fifty
6	seis	six		60	sesenta	sixty
7	siete	seven		70	setenta	seventy
8	ocho	eight		80	ochenta	eighty
9	nueve	nine		90	noventa	ninety
10	diez	ten		100	cien	one hundred
11	once	eleven		200	doscientos	two hundred
12	doce	twelve		300	trescientos	three hundred
13	trece	thirteen		400	cuatrocientos	four hundred
14	catorce	fourteen		500	quinientos	five hundred
15	quince	fifteen		600	seiscientos	six hundred
16	dieciséis	sixteen		700	setecientos	seven hundred
17	diecisiete	seventeen		800	ochocientos	eight hundred
18	dieciocho	eighteen		900	novecientos	nine hundred
19	diecinueve	nineteen		1.000	mil	one thousand
20	veinte	twenty		10.000	diez mil	ten thousand
	100.000	cien mil	one hundred thousand			
	1.000.000	un millón	one million			

MESES DEL AÑO

enero	January	julio	July
febrero	February	agosto	August
marzo	March	septiembre	September
abril	April	octubre	October
mayo	May	noviembre	November
junio	June	diciembre	December

ÍNDICE

A
	pág.
abajo	6
abanico	6
abecedario	6
abeja	6
abierto	6
abrazar	6
abrigo	6
abril	6
abrochar	6
abuelo	6
aburrir	7
acariciar	7
acatarrarse	7
aceite	7
aceituna	7
acera	7
ácido	7
acordeón	7
acostar	7
actor	7
acuario	7
acusar	7
adiós	8
adulto	8
aeropuerto	8
afeitar	8
afónico	8
agarrar	8
agitar	8
agua	8
agujero	8
ajedrez	8
albañil	8
albaricoque	8
alfombra	9
algodón	9
alimento	9
pollo	
huevos	
avellanas	
queso	
patatas	
pan	
leche	
tarta	
azúcar	
sal	
pescado	
carne	
mermelada	
mantequilla	
sopa	
almohada	9
alto	9
alubia	9
ambulancia	10
amigo	10
andar	10
anillo	10
animal	10
tortuga	
elefante	
oso	
pez	
ardilla	
perro	
ratón	
león	
cerdo	
gato	
zorro	
gallina	
pollito	
tigre	
caracol	
caballo	
rana	
oveja	
conejo	
canguro	
jirafa	
vaca	

	pág.
hipopótamo	
año	11
apagar	11
aparcar	11
aplaudir	11
araña	11
arañar	11
árbitro	11
árbol	11
ardilla	11
arena	11
armario	11
arrastrar	11
arruga	12
asa	12
asalto	12
asomar	12
astronauta	12
atar	12
aterrizar	12
autobús	12
ayer	12
azúcar	12
azul	12

B
	pág.
babero	13
babi	13
bacalao	13
bailar	13
bailarín	13
bajar	13
balancear	13
balar	13
balcón	13
balda	13
balón	14
ballena	14
bambú	14
banco	14
bandeja	14
bandera	14
bandido	14
bañador	14
bañera	14
bar	14
baraja	14
barba	14
barbilla	15
barco	15
barrendero	15
barrer	15
barril	15
barro	15
báscula	15
bastón	15
basura	15
bata	15
batido	15
batuta	15
baúl	16
bazar	16
bebé	16
beber	16
bellota	16
bengala	16
besar	16
biberón	16
biblioteca	16
bicicleta	16
bicho	16
bigote	16
billar	17
billete	17
biombo	17
bizcocho	17
blanco	17
blando	17
blusa	17
boa	17
boca	17
bocadillo	17
bocina	17

	pág.
boda	17
bodega	18
boina	18
bolera	18
bolígrafo	18
bolsillo	18
bolso	18
bombero	18
bombilla	18
bombón	18
bordado	18
borracho	18
bosque	18
bostezar	19
botar	19
botella	19
botón	19
brazo	19
broche	19
broma	19
bruja	19
brújula	19
bufanda	19
búho	19
burbuja	19
butaca	20
buzo	20
buzón	20

C
	pág.
caballo	20
cabeza	20
cabra	20
cacahuete	20
cacatúa	20
cacerola	20
cactus	21
caer	21
café	21
caimán	21
caja	21
cajón	21
calcetín	21
calculadora	21
calendario	21
calor	21
calvo	21
callar	21
calle	22
parada de autobús	
tapia	
acera	
árbol	
moto	
bicicleta	
coche	
camión	
taxi	
guardia	
autobús	
farola	
semáforo	
papelera	
cantante	
músico	
cochecito	
cama	23
camarero	23
camilla	23
camino	23
camión	23
camisa	23
camiseta	23
camisón	23
campana	23
campanario	23
campeón	23
campesino	23
campo	24
cana	24
canario	24
canción	24
cangrejo	24

cara 24	blanco	dieta 39
caracol 24	collar 32	dinero 39
caramelo 24	comba 32	dinosaurio 39
cárcel 24	comer 32	disco 39
caricatura 25	cometa 32	disfraz 40
carie 25	cómodo 32	mosquetero
carnaval 25	comprar 32	superman
carnicero 25	conducir 32	fantasma
carpeta 25	conejo 32	cocinero
carretera 25	conocer 32	indio
carroza 25	construir 32	hada
carta 25	contar 32	pirata
cartera 25	copa 32	arlequín
cartero 25	corbata 33	mago
casa 25	coro 33	payaso
cascabel 25	corona 33	colombina
casete 26	cortar 33	distraerse 40
castaña 26	corto 33	doble 40
castillo 26	coser 33	docena 40
catarro 26	cosquillas 33	doler 41
cebolla 26	cremallera 33	domador 41
cebra 26	cromo 33	dominó 41
ceja 26	cuadro 33	dorado 41
cepillar 26	cuento 33	dormilón 41
cerdo 26	cueva 34	dragón 41
cereza 26	cumpleaños 34	ducharse 41
cerrado 26	curar 34	duende 41
cerradura 26		dulce 41
cesta 27	**D**	duro 41
chal 27		
champán 27	dado 34	**E**
champiñón 27	dálmata 34	
champú 27	danzar 34	echar 42
chandal 27	daño 34	edificio 42
chaqué 27	dar 34	edredón 42
chaqueta 27	dardo 35	egoísta 42
charco 27	dátil 35	elefante 42
charlar 27	debajo 35	elegante 42
cheque 27	decena 35	elegir 42
chicle 28	decir 35	embudo 42
chicharra 28	dedal 35	empachar 42
chichón 28	dedo 35	empañar 42
chillar 28	defender 35	empapelar 42
chimenea 28	dejar 35	empujar 43
chimpancé 28	delantal 35	enamorar 43
chino 28	delante 35	encerado 43
chiste 28	delfín 35	encestar 43
chistera 28	delgado 36	enero 43
chocar 28	dentífrico 36	encontrar 43
chocolate 28	dentista 36	encoger 43
chófer 28	dentro 36	enchufe 43
chopo 29	deporte 36	enfadar 43
chorizo 29	deprisa 36	enfermo 43
chuchería 29	derecho 36	enfermero 43
chupar 29	derramar 36	enhebrar 43
chupete 29	derretir 36	enjambre 44
cielo 29	desatar 36	enorme 44
ciempiés 29	desabrochar 36	enredo 44
ciervo 29	desafinar 36	ensalada 44
cine 29	descalzo 37	ensartar 44
cintura 29	descansar 37	ensuciar 44
circo 30	descarrilar 37	equilibrista 44
equilibrista	descolgar 37	equipaje 44
payaso	descorchar 37	erizo 44
domador	descoser 37	escalera 44
malabarista	desdentado 37	escalofrío 44
bailarina	desenredar 37	escama 45
ciruela 30	desenvolver 37	escaparate 45
cisne 30	deshojar 37	escayola 45
cocinar 30	desierto 37	escoba 45
coche 30	desmayar 37	esconder 45
codo 30	desnudo 38	escribir 45
coger 30	desordenado 38	escuela 45
cohete 30	despacio 38	espagueti 45
cojín 30	despedir 38	espárrago 45
colarse 31	despensa 38	espejo 45
colegio 31	despertador 38	espinilla 45
colgar 31	despertar 38	esponja 46
color 31	despistado 38	esquiar 46
amarillo	destrozar 38	esquimal 46
verde	detective 38	establo 46
naranja	detergente 38	estatua 46
marrón	detrás 38	estornudar 46
rojo	día 39	estrecho 46
rosa	diadema 39	estrella 46
azul	diamante 39	estrenar 46
gris	dibujar 39	estudiar 46
morado	diccionario 39	estufa 46
negro	diente 39	excursión 46

F

falda 47
familia 47
    abuelo
    abuela
    tío
    padre
    madre
    tía
    hermana
    hermano
    primo
    yo
fantasma 48
farmacia 48
faro 48
farola 48
felpudo 48
feo 48
feria 48
fideo 48
fiebre 48
fiesta 48
filete 48
firma 48
flaco 49
flan 49
flauta 49
flemón 49
flequillo 49
flexo 49
flor 49
    nardo
    dalia
    girasol
    amapola
    clavel
    margarita
    cala
    tulipán
foca 50
fondo 50
fontanero 50
fotografía 50
frambuesa 50
frasco 50
fregar 50
frente 50
frío 50
fruta 50
    manzana
    cerezas
    plátano
    uvas
    fresa
    pera
    ciruela
    naranja
    melón
    piña
fuego 51
fuente 51
fuera 51
fuerte 51
fugarse 51
fumar 51
fútbol 51
furgoneta 51

G

gafas 52
gajo 52
galleta 52
gallinero 52
ganar 52
ganchillo 52
garabato 52
garganta 52
garra 52
gasolinera 53
gato 53
gaviota 53
gel 53
gemelo 53
gente 53
giba 53
gigante 53
gimnasia 53
girar 53

girasol 53
globo 53
glotón 54
gol 54
golondrina 54
golosina 54
golpe 54
góndola 54
gordo 54
gorra 54
gotear 54
gotera 54
grande 54
granja 54
grifo 55
grillo 55
gritar 55
grúa 55
guante 55
guapo 55
guindilla 55
guiñar 55
guiñol 55
guirnalda 55
guisante 55
guisar 55
guitarra 56
gusano 56

H

habitación 56
hablar 56
hacha 56
hada 56
hamaca 56
hámster 56
hebilla 57
helado 57
helicóptero 57
herida 57
hermano 57
herradura 57
herramienta 57
    hacha
    serrucho
    destornillador
    alicates
    martillo
    pala
    paleta
    lima
    pico
    rastrillo
    espátula
    azada
hervir 58
hielo 58
hierba 58
higo 58
hilo 58
hipo 58
hipopótamo 58
hocico 58
hoguera 58
hoja 58
holgazán 58
hombre 58
hora 58
hormiga 59
horno 59
hortaliza 59
hospital 59
hucha 59
huella 59
huevo 59
huir 59
humo 59
hundir 59
huracán 59

I

iceberg 60
idea 60
iglesia 60
igual 60
iguana 60
iluminado 60
ilustrador 60
imán 60

imitar 60
impar 60
imprenta 61
incendio 61
incoloro 61
incubadora 61
inflar 61
inglés 61
inicial 61
insecto 61
instrumento 61
    flauta
    tambor
    trompeta
    violín
    arpa
    guitarra
    piano
interruptor 62
inundar 62
invernadero 62
invierno 62
invitar 62
inyección 62
iris 62
isla 62
izquierdo 62

J

jabalí 62
jabón 63
jamón 63
jaqueca 63
jarabe 63
jardín 63
jarrón 63
jaula 63
jazmín 63
jersey 63
jinete 63
jirafa 63
joyero 63
judía 64
jugar 64
juguete 64
    tambor
    marioneta
    pajarito
    yoyó
    camión
    comba
    muñeca
    peonza
    casa de muñecas
    cubo
    oso
    patines
    pelota
    coche de muñecas
    canicas
    aro
    teléfono
jungla 64

K

kárate 65
kilo 65
kilómetro 65
kiosco 65
kiwi 65
koala 65

L

laberinto 65
labio 65
laboratorio 66
labrador 66
lado 66
ladrar 66
ladrillo 66
ladrón 66
lagartija 66
lago 66
lágrima 66
lámpara 66
lana 66
lapicero 66
lavar 67
lazo 67

leche 67
lechuza 67
leer 67
lejos 67
lengua 67
lenteja 67
león 67
levantar 67
librería 67
libro 67
licor 68
limpiar 68
línea 68
linterna 68
llama 68
llamar 68
llanto 68
llanura 68
llave 68
llavero 68
llegar 69
lleno 69
llevarse 69
llorar 69
llorón 69
llover 69
lluvia 69
lobo 70
loro 70
luciérnaga 70
luna 70
lunar 70
lupa 70
luz 70

M

maceta 70
madera 71
madre 71
maestro 71
mago 71
maíz 71
maleta 71
mancha 71
mano 71
manopla 71
mantel 72
mantequilla 72
manzana 72
mañana 72
maqueta 72
maquillar 72
mar 72
marchar 72
marear 72
marinero 72
marioneta 72
mariposa 72
mariquita 73
martillo 73
masticar 73
mayor 73
mayúscula 73
mecedora 73
medalla 73
médico 73
mejillón 73
mendigo 73
mentir 73
mercado 74
    salchichas
    pescado
    plátanos
    uvas
    manzanas
    fresas
    cerezas
    zanahorias
    cebollas
    patatas
    peras
    limones
    naranjas
    lechuga
    coliflor
    tomates
    piña
    judías verdes
    calabaza
    carro de la compra
    descargador
    saco
    carretilla
merengue 75
mes 75
meta 75
meter 75
miel 75
minuto 75
mitad 75
moflete 75
mono 75
morder 75
mueble 76
    sillón
    silla
    reloj
    banqueta
    lámpara
    cama
    mesa
    armario
    sofá
    estantería
    espejo
muela 76
música 76

N

nabo 77
nada 77
nadar 77
nadie 77
nana 77
naranja 77
nariz 77
nata 77
natilla 77
náufrago 77
nenúfar 78
neumático 78
nevar 78
nevera 78
nido 78
niebla 78
niño 78
noche 78
noria 78
noticiario 78
nube 78
nuca 78
nudo 79
nuez 79
número 79
nutria 79

Ñ

ñandú 79
ñoño 79
ñora 79
ñu 79

O

oboe 80
oca 80
oficio 80
    médica
    bombero
    cantante
    albañil
    maestra
    camarero
    cocinero
    guardia
    enfermera
    carpintero
    pintora
    bailarina
    músico
    granjero
oftalmólogo 81
ojo 81
ola 81
oler 81
ópera 81
orca 81
ordenado 81
ordenador 81
ordeñar 81
oreja 81
ornitorrinco 81
orquesta 81
oso 82
oscuro 82
ostra 82
otoño 82
oveja 82

P

padre 83
pagar 83
página 83
país 83
pajarita 83
pájaro 83
palabra 83
palacio 83
pálido 83
palmera 84
paloma 84
palomitas 84
pan 84
panadero 84
pandereta 84
pantalón 84
pañal 84
pañuelo 84
papelera 84
paquete 84
paracaidista 85
parada 85
paraguas 85
parar 85
parche 85
parque 85
pasear 85
pasillo 85
pastor 85
pata 85
patinar 85
patinete 86
pato 86
peca 86
pediatra 86
pegar 86
peinar 86
pelear 86
película 86
pelirrojo 86
pelo 86
pelota 86
peluquería 86
pensar 86
penúltimo 87
peonza 87
perder 87
perfume 87
periódico 87
perro 87
pesar 87
pescar 87
pez 87
piano 87
pie 87
pingüino 87
pintar 88
pipa 88
pirata 88
pisar 88
piscina 88
planta 88
plato 88
playa 88
plaza 88
poeta 88
policía 88
polo 88
polución 89
pompa 89
poner 89
primero 89
profundo 89
puente 89
puerta 89
puerto 89
pulpo 89
puma 89

puro 89
puzzle 89

Q

quebrantahuesos 90
quejar 90
quemar 90
querer 90
queso 90
quieto 90
quinteto 90
quirófano 90
quisquilla 90
quitanieves 90

R

rábano 91
rabieta 91
racimo 91
radar 91
radio 91
radiografía 91
rallar 91
rama 91
ramillete 91
rana 91
raqueta 92
rascacielos 92
ratón 92
rayo 92
raza 92
rebaño 92
rebuznar 92
recoger 92
recortar 92
rectángulo 92
red 92
refresco 92
regalo 93
regar 93
reloj 93
reno 93
retrete 93
revés 93
revista 93
rey 93
rico 93
río 93
risa 93
robot 94
rodilla 94
roncar 94
ropa 94
- vestido
- guantes
- abrigo
- calcetines
- manoplas
- blusa
- sombrero
- botas
- pantalones
- impermeable
- corbata
- zapatos
- camisa
- falda
- bufanda
- jersey
- chaqueta

roto 94
rulo 94

S

sábana 95
sabor 95
sacar 95
saco 95
salchicha 95
sal 95
salir 95
saltamontes 95
saltar 95
saludar 95
sandalia 96
sandía 96
sarampión 96
sartén 96
sastre 96
sauce 96
secar 96
secreto 96
sed 96
sello 96
semáforo 96
semana 97
serrucho 97
servilleta 97
silbar 97
silencio 97
silla 97
sirena 97
sol 97
soldado 97
sombrero 97
sopa 97
sortija 98
suave 98
subir 98
submarino 98
suela 98
suelo 98
sumar 98
susto 98

T

tambor 98
tapar 98
tardar 99
tarta 99
taxi 99
taza 99
teatro 99
tebeo 99
tejado 99
teleférico 99
teléfono 99
televisor 99
tenazas 99
tenis 99
terminar 99
termómetro 100
terraza 100
tesoro 100
tiburón 100
tijera 100
timón 100
tiovivo 100
títere 100
tobogán 100
tocar 100
tomate 100
topo 101
tortuga 101
tos 101
transporte 101
- autobús
- globo
- coche
- carro de helados
- velero
- carreta
- avión
- barco
- tren

tren 102
trenza 102
trompa 102
trompeta 102
tropezar 102
tulipán 102
tuna 102
turrón 102

U

último 102
uniforme 102
untar 103
urna 103
urraca 103
uva 103

V

vaca 103
vago 103
vajilla 103
valla 103
vampiro 103
vaso 103
vecino 104
vela 104
veleta 104
velocípedo 104
vendar 104
vender 104
ventana 104
ventilador 104
verderón 104
verruga 104
veterinario 104
viaje 104
vid 105
viejo 105
vino 105
violín 105
volante 105
volar 105
volcán 105
voto 105

W

walkie-talkie 105
waterpolo 106
whisky 106
windsurfing 106

X

xilófago 106
xilófono 106
xilografía 106

Y

ya 106
yacaré 107
yacer 107
yacimiento 107
yak 107
yate 107
yegua 107
yelmo 107
yema 107
yen 107
yerno 107
yeso 107
yo 107
yodo 108
yoga 108
yogur 108
yoyó 108
yudo 108
yugo 108
yunque 108
yute 108

Z

zafiro 108
zambullir 108
zanahoria 109
zancadilla 109
zángano 109
zanja 109
zapatero 109
zapatilla 109
zar 109
zarigüeya 109
zarpa 109
zarpar 109
zarza 109
zepelín 109
zoo 110
zorro 110
zueco 110
zumba 110
zumo 110
zurcir 110
zurdo 110

Acciones 111
Pronombres personales
Números
Meses del año

eadache tulipán sauce uniforme vajilla
alphabet colour train ganchillo radiografía orc
aboratorio títere desdentado street quebrantahuesos pillo
almólogo doll waterpolo holgazán u
luciérnaga enhebrar iguana ñ
food acordeón lazy flexo
fugarse zambullir xilófono ice-cream encerad
ebuznar toys tale velocípedo quintet
alkie-talkie submarino tomorrow jir
iceberg kios giba hervir
range ñandu ventila
chimpancé yeg
alendario xilófago yesterday fútbol cerradura
year retrete
arigüeya edredón yunque sábana sk
ediatra dátil derramar afónico music gritar
family hamaca insec
enúltimo zurcir yoyó balancear fuente
marear butterfly terminar newspaper zafi
ower blue calculadora horno salchi
árate judía lmohada aranja ripo